安全生产红线意识法制宣传教育系列

《消防法》宣传教育读本

编　　著　刘东海

参编人员　任元元　任志雄　刘海霞　吴官蔚
　　　　　王亚娟　刘　英　刘南京　罗　静
　　　　　马力革　陈姝凤　郭洪侠

中国劳动社会保障出版社

图书在版编目(CIP)数据

《消防法》宣传教育读本/刘东海编著. —北京：中国劳动社会保障出版社，2015

（安全生产红线意识法制宣传教育系列）

ISBN 978-7-5167-1639-7

Ⅰ.①消… Ⅱ.①刘… Ⅲ.①消防法-中国-问题解答 Ⅳ.①D922.145

中国版本图书馆 CIP 数据核字(2015)第 109991 号

中国劳动社会保障出版社出版发行

（北京市惠新东街 1 号 邮政编码：100029）

*

北京金明盛印刷有限公司印刷装订 新华书店经销

850 毫米×1168 毫米 32 开本 5.375 印张 126 千字

2015 年 5 月第 1 版 2015 年 5 月第 1 次印刷

定价：22.00 元

读者服务部电话：（010）64929211/64921644/84643933

发行部电话：（010）64961894

出版社网址：http://www.class.com.cn

版权专有 侵权必究

如有印装差错，请与本社联系调换：（010）80497374

我社将与版权执法机关配合，大力打击盗印、销售和使用盗版图书活动，敬请广大读者协助举报，经查实将给予举报者奖励。

举报电话：（010）64954652

内容简介

在机关、团体、企业、事业单位等的生产活动中，火灾是最常见、危害最大的事故之一。消防工作关系着机关、团体、企业、事业单位等发展稳定的大局，更关系着员工乃至周边人民群众生命财产的安全，是生产安全运行的重要保障。机关、团体、企业、事业单位等应该通过大力宣传普及《消防法》，使员工了解《消防法》对自身的要求，增强员工对消防工作的责任感和使命感。

本书分为总则、火灾预防、消防组织、灭火救援、监督检查、法律责任六章，章的设置与《消防法》保持一致。节内主要包含相关法条、法条详解两部分。其中，法条详解部分以问答的形式讲解了读者对法条可能产生的疑惑，加深了读者对法条的理解，有时增加小案例、小资料，以对法条详解部分做补充说明。

本书版式设计新颖活泼，漫画配图直观生动，可作为政府相关部门、企业开展消防安全教育工作，生产经营单位负责人、安全管理人员、工人学习《消防法》的普及性学习读物。

前言

俗话说“没有规矩，不成方圆”。法律法规可以有效建立社会秩序，规范人们的行为，是保障社会正常运行的基础。而安全生产法律法规的有效实施是保障生产安全的前提和基础。根据对全国每年上百万起事故原因进行的分析表明，95%以上的事故是由于违反安全生产法律、行政法规、部门规章、安全生产标准等而导致的。抓好安全生产法律法规的宣传普及和培训工作，对政府安全监管执法部门、企业安全生产管理人员的管理，以及企业工人的安全生产实践具有非常重要的意义。

为了企业更好地进行安全生产法律法规的宣传普及和培训工作，中国劳动社会保障出版社特组织编写了这套“安全生产红线意识法制宣传教育系列”丛书。

本套丛书具有权威性、针对性、拓展性的特点。本套丛书的作者均为安全生产领域的专家学者，在高校或科研机构常年从事安全生产相关课程的教学和科研工作，并经常为企业职工进行安全生产教育培训，对安全生产法律法规知识有全面深入的理解，并对企业安全管理人员和工人的法律法规知识的薄弱环节有一定了解。本套丛书针对法律法规的具体条文，站在企业安全管理人员和工人的角度，以问答的形式对法条进行详细解释。本套丛书问答中的设问，不仅是对法律条文字面的解释，还有对相关知识的拓展，力求读者全面深入了解法律条文的规定。本套丛书还增加了部分案例和资料性内容，以加深读者对法律条文的理解。

本套丛书有：《突发事件应对法》宣传教育读本、《消防法》宣传教育读本、《特种设备安全法》宣传教育读本、《职业病防治法》宣传教育读本、《工伤保险条例》宣传教育读本、《生产安全事故报告和调查处理条例》宣传教育读本、《化工（危险化学品）企业保障生产安全十条规定》宣传教育读本、《烟花爆竹企业保障生产安全十条规定》宣传教育读本、《煤矿矿长保护矿工生命安全七条规定》宣传教育读本、《严防企业粉尘爆炸五条规定》宣传教育读本、《有限空间安全作业五条规定》宣传教育读本、《隧道施工安全九条规定》宣传教育读本、《非煤矿山企业安全生产十条规定》宣传教育读本之金属非金属地下矿山企业、《非煤矿山企业安全生产十条规定》宣传教育读本之金属非金属露天矿山企业、《非煤矿山企业安全生产十条规定》宣传教育读本之金属非金属尾矿库、《非煤矿山企业安全生产十条规定》宣传教育读本之陆上石油天然气开采企业、《非煤矿山企业安全生产十条规定》宣传教育读本之海洋石油天然气开采企业，共17分册。

本套丛书内容通俗易懂，图文并茂，可作为企业安全生产管理人员和工人的培训教材，也可供想了解安全生产法律法规的人员学习使用。

目录

第一章　总则

第一节　立法目的

【相关法条】

第一条　为了预防火灾和减少火灾危害，加强应急救援工作，保护人身、财产安全，维护公共安全，制定本法。

【法条详解】

本条是关于《中华人民共和国消防法》（以下简称《消防法》）立法宗旨的规定。基本保留了原《消防法》的规定。增加了“加强应急救援工作”的立法宗旨。

问题：怎样理解《消防法》确立的立法宗旨?

答：立法宗旨，又称为立法目的，是一部法律要实现的立法目标，对于整部法律具有统领作用。

《消防法》确立的立法宗旨主要体现在三个方面：

1. 预防和减少火灾危害

这是对消防立法意义的总体概括，包含两层意思：首先，要做好火灾预防工作，防止火灾的发生。其次，火灾绝对不发生是不可能的，而一旦发生火灾，就应当及时有效扑救，减少火灾的危害。

2. 加强应急救援工作

根据经济社会发展对完善政府公共服务职能、保障和改善民生、加强应急救援机制建设的需要，按照世界各国通行做法，充分考虑消防队在体制、器材装备、训练管理等方面的优势，以及近年来公安消防队应急救援工作成效，特别是在汶川特大地震灾害事故救援中所表现出的突出作用，修订后的《消防法》加强了应急救援方面的规定，在总则中规定《消防法》立法目的之一是“加强应急救援工作”。

3. 保护人身、财产安全，维护公共安全

人身和财产安全是火灾直接危害的两个方面。“人身安全”是指生命健康安全，“财产”包括国家的、集体的和公民个人财产。将“保护人身安全”放在第一位，以法律形式体现了以人为本的思想。体现在火灾预防上要把人身安全放在首位，在灭火救援中坚持救人第一的指导思想。

【小案例】

汶川地震后，公安消防部队应急救援

2008 年 5 月 12 日 14 时，四川省汶川县发生里氏 8.0 级地震。公安消防部队积极响应党中央、国务院的号召，在公安部党委的统一指挥下，第一时间启动应急救援机制，迅速集结 13 434 名消防特勤官兵驰援灾区，划分阿坝、成都、绵阳、德阳、广元 5 个作战区域，按照“抢占先机、就地展开、由近及远、梯次推进”的作战原则，全线展开生命救援，并调集精锐部队第一时间深入映秀、漩口、水磨、三江等震中重灾区，实行“搜、救、治”一条龙作业，竭尽全力抢救人员生命，先后从建筑废墟中搜救出 8 100 人，其中生还 1 701 人，转移解救群众 51 730，医护救助 13 109 人，以不足参战力量 8%的兵力搜救出占总数 26%的生还者，是搜救生还率最

高的专业队伍。

公安消防部队为抗震救灾做出了突出贡献，得到了党中央、国务院、中央军委的充分肯定，赢得了全国人民的高度赞誉。全国公安消防部队有 5 个集体、11 名个人分别被授予“抗震救灾英雄集体”和“抗震救灾尖兵”荣誉称号，21 个集体、151 名个人荣立一等功，53 个集体、306 名个人荣立二等功，66 个集体、544 名个人荣立三等功，在抗震救灾中表现突出的 200 名优秀战斗班长被保送部队院校学习或破格提干。

【小资料】

我国消防的法制建设过程

我国消防的法制建设过程主要分为三个阶段：

1.《中华人民共和国消防条例》的施行

与其他领域的法制建设比较，消防法制建设的起步并不晚。早在 1957 年，国家就颁布了《消防监督条例》。1984 年 5 月，第六届全国人民代表大会常务委员会第五次会议就批准施行了《中华人民共和国消防条例》，消防工作开始被纳入依法管理的轨道。

2.《消防法》的颁布施行

1994 年，公安部在总结消防条例施行 10 年来经验的基础上，经认真调查研究，以江泽民同志对消防工作“隐患险于明火，防范胜于救灾，责任重于泰山”的批示为指导思想，起草了《中华人民共和国消防法（送审稿）》，并于 1995 年年底报送国务院。1998 年 4 月 29 日，第九届全国人民代表大会常务委员会第二次会议审议通过了《中华人民共和国消防法》。《消防法》自 1998 年 9 月 1 日施行以来，对预防和减少火灾危害，保护人身、财产安全，维护公共安全发挥了重要作用。

3.《消防法》的修订

随着我国经济社会的发展和政府职能的转变，消防工作面临着一些新情况和新问题，1998 年《消防法》的一些规定已经难以适应新时期消防工作的需要，主要表现在：一是消防安全管理的有关制度不够完善，缺乏在市场经济条件下防范火灾风险的有效机制，不利于发挥市场主体在保障消防安全方面的作用；二是消防工作责任制不够完善，消防责任主体的消防责任不够完善和明晰，制约和影响了消防安全责任制的落实；三是消防监督检查机制不健全，公安机关消防机构的监管职责与有关责任主体的消防安全职责不明晰，不适应转变政府职能的要求；四是对违反消防法规、危害公共安全的行为，规定不全面，处罚力度不够，缺乏必要的强制措施。为了适应市场经济条件下消防工作的现实要求，有必要对《消防法》进行全面修订。

2008 年 10 月 28 日，第十一届全国人民代表大会常务委员会第五次会议审议通过了修订后的《中华人民共和国消防法》，当日，国家主席胡锦涛签署主席令公布，自 2009 年 5 月 1 日起施行。

第二节　消防工作方针与原则

【相关法条】

第二条　消防工作贯彻预防为主、防消结合的方针，按照政府统一领导、部门依法监管、单位全面负责、公民积极参与的原则，实行消防安全责任制，建立健全社会化的消防工作网络。

【法条详解】

本条是关于消防工作方针、基本原则和实行消防安全责任制的规定。

问题 1：怎样理解我国消防工作的方针？

答：消防工作贯彻“预防为主，防消结合”方针。

“预防为主”，就是要求消防工作立足于防患于未然，把预防火灾放在首位，积极贯彻落实各项防火措施，力求防止火灾的发生。无数事实证明，只要人们有较强的消防安全意识，自觉遵守、执行消防法律法规和规章以及消防技术规范，80%以上的火灾是可以预防避免的。

“防消结合”的思想体现了现代公共安全危机管理的思想。“防消结合”要求把同火灾做斗争的两个基本手段——防火和灭火有机地结合起来。通过预防虽然可以防止大多数火灾的发生，但绝对杜绝火灾发生是不可能的，也是不现实的。而且随着科学技术的发展，新材料、新产品、新工艺不断出现，火灾不但不能杜绝，反而会随着社会的发展而有所增加。因此，在做好预防火灾的同时，也必须切实做好扑救火灾的各项准备工作，一旦发生火灾，做到能够及时发现、及时控制、有效扑救，最大限度地减少人员伤亡和财产损失。防火和灭火是一个问题的两个方面，是辩证统一、相辅相成、有机结合的整体。

问题 2：怎样理解我国消防工作的原则？

答：消防工作的原则是贯穿于全部消防工作中的基本准则和内在精神，是国家消防立法和各个管理主体在具体的管理过程中都应当遵循的准则。

《消防法》第二条规定，我国消防工作的原则是“政府统一领导、部门依法监管、单位全面负责、公民积极参与”。“政府”“部门”“单位”“公民”4者都是消防工作的主体，政府负领导责任，部门负监管责任，单位负主体责任，公民有参与的权利和义务。

1.“政府统一领导”

消防安全是政府社会管理和公共服务的重要内容，是社会稳定和经济发展的重要保障。各级人民政府必须加强对消防工作的领导，这是贯彻落实科学发展观、建设现代服务型政府、构建社会主义和谐社会的基本要求。《消防法》第三条规定："国务院领导全国的消防工作。地方各级人民政府负责本行政区域内的消防工作。"这是关于各级人民政府消防工作责任的原则规定。国务院领导全国的消防工作，同时消防工作又是一项地方性很强的政府行政工作，许多具体工作必须以地方政府负责为主。

2."部门依法监管"

公安机关及其消防机构是代表政府依法对消防工作实施监督管理的部门。但是消防工作涉及面广，仅靠公安机关及其消防机构的监管是不够的，安全监管、建设、工商、质监、教育等部门也应当依据有关法律法规和政策规定，依法履行相应的消防安全监管职责。政府各部门齐抓共管，是消防工作的社会化属性决定的。

3."单位全面负责"

单位是社会消防管理的基本单元。单位对消防安全和致灾因素的管理能力，在很大程度上决定了一个城市甚至一个地区的消防安全形势。因此，将消防安全责任落实到单位，是实现公共消防安全的治本之策。为此，《消防法》对机关、团体、企业、事业等单位的消防安全职责，进行了明确而详细的规定，明确单位的主要负责人是本单位的消防安全责任人。

4."公民积极参与"

公民是消防工作的基础，没有广大人民群众的参与，消防工作就不会发展进步，全社会抗御火灾的基础就不会牢固。

问题3：为什么要实行消防安全责任制？

答：消防安全渗透在人们生产、生活的各个方面，各级政府、政府各部门、各行各业以及每个人在消防安全方面应当各尽其责，是我国做好消防工作的经验总结。实践证明，实行防火安全责任制，有利于增强全社会的消防安全意识，调动各部门、各单位和广大群众做好消防安全工作的积极性，转变不正确认识，提高全社会整体抗御火灾的能力。

根据新《消防法》的规定，防火安全责任制首先是政府对消防工作负有领导责任。对于一个单位来说，首先是单位的法定代表人或者主要负责人应当对本单位的消防安全工作全面负责，并在单位内部实行和落实逐级防火责任制、岗位防火责任制。

第三节　消防工作监督管理体制

【相关法条】

第四条　国务院公安部门对全国的消防工作实施监督管理。县级以上地方人民政府公安机关对本行政区域内的消防工作实施监督管理，并由本级人民政府公安机关消防机构负责实施。军事设施的消防工作，由其主管单位监督管理，公安机关消防机构协助；矿井地下部分、核电厂、海上石油天然气设施的消防工作，由其主管单位监督管理。

县级以上人民政府其他有关部门在各自的职责范围内，依照本法和其他相关法律、法规的规定做好消防工作。

法律、行政法规对森林、草原的消防工作另有规定的，从其规定。

【法条详解】

本条是关于实施消防监督管理的主体，政府其他部门消防工作职责，以及军事设施、矿井地下部分、核电厂消防工作的监督管理主体，森林、草原的消防工作适用法律问题的规定。

问题 1：怎样理解本条规定的公安机关的消防监督管理责任？

答：消防工作专业性、技术性和应急性强，必须确立一个专门的主管部门负责此项工作的监督管理。

本条第一款规定："国务院公安部门对全国的消防工作实施监督管理。县级以上地方人民政府公安机关对本行政区域内的消防工作实施监督管理，并由本级人民政府公安机关消防机构负责实施。"公安机关负有监督管理的责任，而具体工作的实施，由公安机关消防机构执行。

在明确消防工作监管机关的同时，为了充分发挥其他各相关部门的积极作用，本条第二款还规定："县级以上人民政府其他有关部门在各自的职责范围内，依照本法和其他相关法律、法规的规定做好消防工作。"这为各部门都有做好消防工作的职责提供了法律依据，避免消防机构唱独角戏，有利于形成消防安全齐抓共管的局面。

问题 2：什么是"军事设施"？军事设施消防工作的监督管理由谁负责？

答：根据《军事设施保护法》的规定，"军事设施"是指直接用于军事目的的下列建筑、场地和设备：指挥机关、地面和地下的指挥工程、作战工程；军用机场、港口、码头；营区、训练场、试验场；军用洞库、仓库；军用通信、侦察、导航、观测台站，测量、导航、助航标志；军用公路、铁路专用线，军用通信、输电线路，军用输油、输水管道；边防、海防管控设施；国务院和中央军事委员会规定的其他军事设施。

考虑军事设施的特殊性，本条第一款规定："军事设施的消防工作，由其主管单位监督管理，公安机关消防机构协助"，即消防监督管理工作的责任主体是军事设施的主管单位，公安机关消防机构是根据主管单位的需要提供防火技术指导、火灾扑救、调查火灾原因等帮助。

需要注意的是，军队单位管辖的非军事设施、对外营业的社会服务设施由公安消防机构监督。

问题 3：为什么矿井地下部分、核电厂、海上石油天然气设施的消防工作由其主管单位监督管理？

答：矿井地下部分、核电厂、海上石油天然气设施等的消防工作，需要专门的知识和更专业的技术，公安机关消防机构所具备的知识和技术水平，使其无法很好地履行职责，由主管单位进行消防监督管理更符合实际，更有利于加强这些单位的消防工作。

目前，涉及矿井、核电厂、海上石油天然气设施消防等方面的工作，已经确定了不同于《消防法》的监督管理体制，为了明确责任、确保安全，同时也为了实现不同法律、行政法规之间的衔接，《消防法》做出了上述原则性的规定。

问题 4：怎样理解本条第四款对森林、草原消防工作的规定？

答：根据《森林法》《草原法》以及《森林防火条例》《草原防火条例》的规定，分别由设在林业行政主管部门和农业行政主管部门中的专门的森林和草原防火消防队伍负责森林、草原防火工作。本条第四款对森林、草原消防工作的规定，目的在于依法划分职责、明确责任，同时也实现了不同法律、法规之间的有机衔接。

第四节　单位、个人的消防义务

【相关法条】

第五条　任何单位和个人都有维护消防安全、保护消防设施、预防火灾、报告火警的义务。任何单位和成年人都有参加有组织的灭火工作的义务。

【法条详解】

本条是关于单位和个人的消防义务的规定。

问题：怎样理解本条规定?

答：理解本条规定需要注意以下几个方面：

1.“消防设施”，是指火灾自动报警系统、自动灭火系统、消火栓系统、防烟排烟系统以及应急广播和应急照明、安全疏散设施等。

2.“报告火警”，主要是指发现着火后，应当立即拨打火警电话“119”。在通信不便的条件下，应当以其他迅速有效的方法报告火警。例如，派人直接到消防队报警等。

3.“维护消防安全，保护消防设施，预防火灾”，不仅是指每个人应当自觉遵守消防法规，还包括一旦发现违反消防法规、影响消防安全的行为，应当立即予以制止或者向公安消防机构举报。这是每个公民应尽的义务和应有的权利。

4.“成年人”，是指年满18周岁的公民。因为灭火工作具有相当大的危险性，而未成年人的身体和心智都还没有发育成熟，分析问题和处理问题的能力相对较弱，参加灭火时很有可能因为不能正确判断和处理危险情况而造成不必要的人身伤亡。所以，任何单位和个人都不得组织未成年人参加灭火。

需要注意的是，也不应当组织孕妇、老年人和有较严重身体缺陷的残疾人参加灭火。

第五节　消防宣传教育义务

【相关法条】

第六条　各级人民政府应当组织开展经常性的消防宣传教育，

提高公民的消防安全意识。

机关、团体、企业、事业等单位，应当加强对本单位人员的消防宣传教育。

公安机关及其消防机构应当加强消防法律、法规的宣传，并督促、指导、协助有关单位做好消防宣传教育工作。

教育、人力资源行政主管部门和学校、有关职业培训机构应当将消防知识纳入教育、教学、培训的内容。

新闻、广播、电视等有关单位，应当有针对性地面向社会进行消防宣传教育。

工会、共产主义青年团、妇女联合会等团体应当结合各自工作对象的特点，组织开展消防宣传教育。

村民委员会、居民委员会应当协助人民政府以及公安机关等部门，加强消防宣传教育。

【法条详解】

本条是对各级政府、单位、团体、组织的消防宣传教育和培训的职责、义务的规定。

问题：为何要加强消防宣传教育、培训？

答：消防宣传教育、培训是消防工作的重要基础工作，搞好消防宣传教育、培训，对于提高公民的消防安全意识和消防安全素质、增强全社会抗御火灾的能力，具有重要意义。

近年来，违反安全操作规程和违章用火、用电、用气成为导致火灾发生的主要原因。从火灾伤亡情况看，有很多人是因不懂火灾自救逃生常识或盲目逃生而致残或丧生的。

2004 年，国家统计局在全国范围内开展的国民消防安全素质调查显示，80%以上的人没有受过消防知识教育，70%以上的人不关注安全出口、消防设施位置，46.3%的人没有火场逃生知识，35.3%的人没有扑救初期火灾的能力，12%的人不知火警电话。这些问题，反映了加强对公民的消防宣传教育培训的重要性和迫切性。

【小案例】

福建拉丁酒吧火灾事故

2009 年 1 月 31 日晚 11 时 55 分左右，一群年轻人在福建省拉丁酒吧举行生日聚会。为营造气氛，他们当中有人在酒吧的桌面上燃放烟花，烟花四处飞溅，引燃了天花板，酿成重大火灾。该市公安消防机关接到火灾报警后，消防人员迅速赶到火灾现场。由于火势较大，而且现场缺乏消防设施，火灾于次日零时 20 分才被扑灭。最终，火灾导致 17 人死亡。

消防意识薄弱、群众普遍缺乏消防安全知识，是酿成这次重大火灾悲剧的根源。

一是违规在室内燃放烟花。拉丁酒吧作为人员密集的公共场所，是禁止燃放烟花爆竹的。但该场所负责人却无视《福州市烟花爆竹管理规定》，放纵消费者因过生日而违规在室内燃放烟花，属于明显的违法行为。消费者不仅无视“禁止在室内燃放烟花”的禁令和烟花包装上“不得在室内燃放”的警示，而且多次在室内燃放烟花。

二是缺乏疏散逃生自救常识。近年来，各级各部门为提高群众的消防安全意识，采取了形式多样的方法，做了大量的工作，积极普及疏散逃生自救常识。但从这次火灾事故的情况来看，这种普及宣传还远未达到理想效果。调查表明，在发现吊顶起火后，个别消费者仍在现场观望、收拾个人物品，甚至仍在继续娱乐，没有立即撤离酒吧或提醒酒吧负责人组织疏散，在火灾迅速蔓延、火势已较大的情况下才开始自发逃生，丧失了自救的最佳时机。

液化气储罐站火灾事故

2002 年 8 月 10 日下午 3 时许，某地液化气储罐站职工杨某在分装液化气时发生火灾，造成一人重伤、一人轻伤，经济损失数万元。

事后查明，火灾原因是杨某违章操作，分装液化气时流速过快产生静电，致使泄漏的液化气遇静电起火。

杨某未经有效的消防培训即上岗工作，并且防火意识薄弱，是事故发生的主要原因。而该站站长钱某擅离工作岗位，在大火发生后，未能及时有效地组织救火行动，对火灾造成的重大损失负有不可推卸的责任。

该单位应该按照《消防法》的有关规定，对上岗职工进行有效的岗前防火培训，并明确防火责任，把责任落实到位。

第二章　火灾预防

第一节　消防规划

【相关法条】

第八条　地方各级人民政府应当将包括消防安全布局、消防站、消防供水、消防通信、消防车通道、消防装备等内容的消防规划纳入城乡规划，并负责组织实施。

城乡消防安全布局不符合消防安全要求的，应当调整、完善；公共消防设施、消防装备不足或者不适应实际需要的，应当增建、改建、配置或者进行技术改造。

【法条详解】

本条是关于地方各级人民政府组织实施城乡消防规划、建设职责的规定。

问题 1：怎样理解消防规划的各项内容？

答：地方各级人民政府应立足于预防和扑救火灾的需要，将包括消防安全布局、消防站、消防供水、消防通信、消防车通道、消防装备等内容的消防规划纳入城乡规划，并负责组织实施。

1. 消防安全布局，指为保障城乡建设的安全发展，确保国家、集体和公民个人财产的安全，应该根据当地的常年风向、气候地形等因素，从消防安全的角度，对城乡的发展布局、功能分区提出规范性要求。

2. 消防站，是指消防队的驻地，是扑救火灾、抢险救援最基本的战斗单位。消防站布局必须保证消防站接到火灾报警5分钟内，消防车能够到达火场，这是及时控制、扑救火灾的基本要求。一个消防站的责任区面积一般为4～7平方公里。

3. 消防供水，是指市政消火栓、天然水源取水设施、消防蓄水池和消防供水管网等消防供水设施。规划建设消防供水设施应当符合下列要求：保证消防供水设施的数量、水量、水压等满足灭火需要，保证消防车到达火场后能够就近利用消防供水设施、及时扑救火灾、控制火势蔓延。

4. 消防通信，是指能进行火灾报警、受理火警并进行消防指挥调度的城市消防通信指挥系统。规划建设消防通信指挥系统应当符合下列要求：保证发生火灾后，人们能够及时报警，各级消防指挥中心、消防站以及消防指战员之间能够通信畅通，及时交换信息，传达灭火指令。

5. 消防车通道，是指供消防车通行的道路。规划建设消防车通道应当符合下列标准：保证道路的宽度、限高和道路的设置，满足消防车通行和灭火作战需要的基本要求。

6. 消防装备，是指消防队用于灭火救援的消防车辆、随车器材以及呼吸器、防化服、隔热服等消防员个人防护装备。配备消防装备应当达到保证消防装备的数量和功能能够满足灭火救援的需要，并能最大限度地保护消防员免受火灾和其他灾害事故的伤害的基本要求。有关消防安全布局和消防站、消防给水、消防通信、消防车通道和消防装备的具体要求，在国家有关的消防技术标准和法律、法规、规章等规范性文件中都有明确规定。

随着经济建设的快速发展，火灾隐患和发生火灾的概率不断增加，消防工作面临的形势也愈加严峻。加强消防科学技术研究，不断提高消防设施和装备的科技含量，研制并采用先进的消防技术、消防装备，对于有效地预防和扑救火灾，提高全社会抗御火灾的能力具有十分重要的作用。实践证明，采用先进的消防技术设施，如火灾自动报警系统、自动喷水灭火系统、气体灭火系统及其他先进的消防设施，就能够及时准确地预报和扑灭火灾，有效地保护人身财产安全。

问题 2：消防规划的编制程序是什么？

答：消防规划的编制，一般要经历以下四个程序：

1. 组织阶段

在人民政府的直接领导下，由公安机关消防机构会同城乡规划主管部门及其他有关部门共同组织，并委托具有国家规定的相应城乡规划设计资格的设计单位具体编制。

2. 基础资料调查阶段

全面收集、研究与城乡消防规划有关的基础资料，例如：总体规划所确定的规划期限、规划范围、规划人口、用地规模、自然条件及经济发展规划等；大型易燃易爆危险物品生产、储存、运输场所的分布、规模、火灾危险性等现状情况；汽车加油站的分布，与周围建筑物的防火距离等现状情况；城乡燃气管道的分布，液化石油气储存站、储配站、罐瓶站、煤气调压站等的分布、规模等现状情况；消防站数量、分布，每个责任区的面积、装备等现状情况；城乡供水能力、城乡可利用的天然水源、供水管网、市政消火栓等现状情况；城乡消防通道的现状情况；城市 119 火灾报警线路数量、城市消防通信指挥系统的现状情况。

3. 编制规划阶段

消防规划技术文件主要包括规划基础资料、规划文本、规划图纸和规划说明书。规划文本主要对消防安全布局、消防站、消防给水、消防车通道、消防通信和消防装备等有关内容提出规定性要求；规划图纸包括现状图、近期规划图和远期规划图，规划图的内容应与规划文本一致；规划说明书主要是对城乡消防现状进行分析，论证规划意图，对规划文本进行解释。

4. 规划审批阶段

消防规划编制完成后，当地人民政府应当组织评审会。经批准的消防规划是消防工程建设的重要依据，应当严格遵照执行，并纳入城乡总体规划，按计划分步实施。

问题3：为什么要加强公共消防设施、消防装备的建设？

答：消防安全布局以及消防站、消防供水、消防通信、消防车通道等公共消防设施和消防装备对于避免和有效控制、扑救城市火灾，保卫国家和人身财产安全，实现城市经济和社会发展目标起着极为重要的作用，是城市基础设施建设的重要组成部分。

目前，我国很多地方消防安全布局不尽合理，公共消防设施、消防装备的建设速度缓慢，未能与城市其他基础设施同步规划和建设，城市抵抗火灾的能力相当薄弱，不适应扑救特殊火灾的需要。改革开放以来发生的多起重大、特大火灾，多数是由于存在消防站布点少，消火栓数量、水量不足，消防车通道堵塞、消防装备落后等问题，从而拖延了灭火时间，贻误了灭火战机，导致小火酿成了大灾。

为了尽快改变公共消防设施、消防装备的落后状况，必须加强公共消防设施、消防装备的建设，以适应现代化建设的需要。

【小资料】

《国务院关于进一步加强消防工作的意见》

第八条　要切实加强公共消防设施建设。地方各级人民政府要结合实际编制城乡消防规划，确保公共消防设施建设与城镇和乡村建设同步实施；对缺少消防规划或消防规划不合理的城市总体规划、乡村和集镇建设规划，不得批准。对公共消防设施不能满足灭火应急救援需要的，要及时增建、改建、配置或者进行技术改造；要按照消防规划改造供水管网、修建消火栓、消防水池和天然水源取水设施，确保消防用水。

第二节　建设工程消防监督管理制度

【相关法条】

第九条　建设工程的消防设计、施工必须符合国家工程建设消防技术标准。建设、设计、施工、工程监理等单位依法对建设工程的消防设计、施工质量负责。

第十条　按照国家工程建设消防技术标准需要进行消防设计的建设工程，除本法第十一条另有规定的外，建设单位应当自依法取得施工许可之日起七个工作日内，将消防设计文件报公安机关消防机构备案，公安机关消防机构应当进行抽查。

第十一条　国务院公安部门规定的大型的人员密集场所和其他特殊建设工程，建设单位应当将消防设计文件报送公安机关消防机构审核。公安机关消防机构依法对审核的结果负责。

第十二条　依法应当经公安机关消防机构进行消防设计审核的建设工程，未经依法审核或者审核不合格的，负责审批该工程施工许可的部门不得给予施工许可，建设单位、施工单位不得施工；其他建设工程取得施工许可后经依法抽查不合格的，应当停止施工。

第十三条　按照国家工程建设消防技术标准需要进行消防设计的建设工程竣工，依照下列规定进行消防验收、备案：

（一）本法第十一条规定的建设工程，建设单位应当向公安机关消防机构申请消防验收；

（二）其他建设工程，建设单位在验收后应当报公安机关消防机构备案，公安机关消防机构应当进行抽查。

依法应当进行消防验收的建设工程，未经消防验收或者消防验收不合格的，禁止投入使用；其他建设工程经依法抽查不合格的，应当停止使用。

第十四条　建设工程消防设计审核、消防验收、备案和抽查的具体办法，由国务院公安部门规定。

【法条详解】

第九条至第十三条是关于建设工程消防监督管理制度的规定。

问题 1：大型的人员密集场所和其他特殊建设工程的界定标准是什么？

答：按照《消防法》第七十三条第四款规定，人员密集场所，是指公众聚集场所，医院的门诊楼、病房楼，学校的教学楼、图书馆、食堂和集体宿舍，养老院，福利院，托儿所，幼儿园，公共图书馆的阅览室，公共展览馆、博物馆的展示厅，劳动密集型企业的生产加工车间和员工集体宿舍，旅游、宗教活动场所等。

根据《建设工程消防监督管理规定》第十三条的规定，对大型的人员密集场所和其他特殊建设工程进行了界定。

1. 具有下列情形之一的，界定为大型的人员密集场所：

（1）建筑总面积［同一单体建筑中同列场所面积之和（下同）］大于 20 000 平方米的体育场馆、会堂，公共展览馆、博物馆的展示厅。

（2）建筑总面积大于 15 000 平方米的民用机场航站楼、客运车站候车室、客运码头候船厅。

（3）建筑总面积大于 10 000 平方米的宾馆、饭店、商场、市场。

（4）建筑总面积大于 2 500 平方米的影剧院，公共图书馆的阅览室，营业性室内健身、休闲场馆，医院的门诊楼，大学的教学楼、图书馆、食堂，劳动密集型企业的生产加工车间，寺庙、教堂。

（5）建筑总面积大于 1 000 平方米的托儿所、幼儿园的儿童用房，儿童游乐厅等室内儿童活动场所，养老院、福利院，医院、疗养院的病房楼，中小学校的教学楼、图书馆、食堂，学校的集体宿舍，劳动密集型企业的员工集体宿舍。

（6）建筑总面积大于 500 平方米的歌舞厅、录像厅、放映厅、卡拉 OK 厅、夜总会、游艺厅、桑拿浴室、网吧、酒吧，具有娱乐功能的餐馆、茶馆、咖啡厅。

2. 具有下列情形之一的，界定为特殊建设工程：

（1）设有上述所列的人员密集场所的建设工程。

（2）国家机关办公楼、电力调度楼、电信楼、邮政楼、防灾指挥调度楼、广播电视楼、档案楼。

（3）本条第一项、第二项规定以外的单体建筑面积大于 40 000 平方米或者建筑高度超过 50 米的其他公共建筑。

（4）国家标准规定的一类高层住宅建筑（119 号令新增）。

（5）城市轨道交通、隧道工程，大型发电、变配电工程。

（6）生产、储存、装卸易燃易爆危险物品的工厂、仓库和专用车站、码头，易燃易爆气体和液体的充装站、供应站、调压站。

问题 2：为什么大型人员密集场所和其他特殊建设工程的消防设计文件要报送公安机关消防机构审核？

答：建设工程消防设计文件一般采取报备和抽查的监管办法。但是，大型的人员密集场所和其他特殊建设工程一旦发生火灾，将造成重大人员伤亡和财产损失，并会造成重大社会影响。为了加强对这类建设工程的源头管理，确保其消防设计文件符合国家消防设计标准，杜绝建设工程形成“天生”消防安全隐患，本着管住重点、放开一般的原则，对大型人员密集场所和其他特殊建设工程的消防设计文件需要采取逐项审核的办法。

问题 3：大型人员密集场所和其他特殊建设工程中建设单位如何向公安机关消防机构申请验收？

答：建设单位应当向公安消防监督机构提出工程消防验收申请，送达建筑消防设施技术检测报告，填写建筑工程消防验收申请表，准备接受验收。公安机关消防机构在接到建设单位消防验收申请时，应当查验建筑消防设施技术测试报告等消防验收申报材料，材料齐全后，应当在 20 日之内按照国家消防技术标准进行消防验收，并在消防验收后 7 日之内签发建筑工程消防验收意见书。

问题 4：建设工程消防设计审核一般包括哪些方面的内容？

答：建设工程消防设计审核主要包括以下内容：

1. 总平面布局和平面布置中涉及消防安全的防火间距、消防车道、消防水源等。

2. 建筑的火灾危险性类别和耐火等级。

3. 建筑防火防烟分区和建筑构造。

4. 安全疏散和消防电梯。

5. 消防给水和自动灭火系统。

7. 消防电源及其配电。

8. 火灾应急照明、应急广播和疏散指示标志。

9. 火灾自动报警系统和消防控制室。

10. 建筑内部装修的防火设计。

11. 建筑灭火器配置。

12. 有爆炸危险的甲、乙类厂房的防爆设计。

13. 国家工程建设标准中有关消防设计的其他内容。

第三节　公众聚集场所投入使用，营业前的消防安全检查

【相关法条】

第十五条　公众聚集场所在投入使用、营业前，建设单位或者使用单位应当向场所所在地的县级以上地方人民政府公安机关消防机构申请消防安全检查。

公安机关消防机构应当自受理申请之日起十个工作日内，根据消防技术标准和管理规定，对该场所进行消防安全检查。未经消防安全检查或者经检查不符合消防安全要求的，不得投入使用、营业。

【法条详解】

本条是关于公众聚集场所在投入使用、营业前关于消防安全检查的规定。

问题1：什么是公众聚集场所、公共娱乐场所和人员密集场所？证券、期货交易市场、高级会所和俱乐部等新出现的场所是否属于公众聚集场所？

答：按照《消防法》第七十三条第三款规定："公众聚集场所，是指宾馆、饭店、商场、集贸市场、客运车站候车室、客运码头候船厅、民用机场航站楼、体育场馆、会堂以及公共娱乐场所等。"

按照《娱乐场所管理条例》的规定，"娱乐场所"是指以营利为目的，并向公众开放，消费者自娱自乐的歌舞、游艺等场所。按照《公共娱乐场所消防安全管理规定》，公共娱乐场所主要包括歌舞厅、影剧院、礼堂等演出、放映场所；舞厅、卡拉OK厅等歌舞娱乐场所；具有娱乐功能的夜总会、音乐茶座和餐饮场所；游艺、游乐场所；保龄球馆、旱冰场、桑拿浴室等营业性健身、休闲场所。

按照《消防法》第七十三条第四款规定，人员密集场所是指公众聚集场所，医院的门诊楼、病房楼，学校的教学楼、图书馆、食堂和集体宿舍，养老院，福利院，托儿所，幼儿园，公共图书馆的阅览室，公共展览馆、博物馆的展示厅，劳动密集型企业的生产加工车间和员工集体宿舍，旅游、宗教活动场所等。

对公众聚集场所的范围，应当按照《消防法》第七十三条列举的场所界定。证券、银行、期货等行业的营业厅，应当作为其他人员密集场所加强监督管理。

问题 2：公众聚集场所申请消防安全检查时，应提交哪些材料？

答：按照《消防监督检查规定》第八条的规定："公众聚集场所在投入使用、营业前，建设单位或者使用单位应当向场所所在地的县级以上人民政府公安机关消防机构申请消防安全检查，并提交下列材料：

（一）消防安全检查申报表；

（二）营业执照复印件或者工商行政管理机关出具的企业名称预先核准通知书；

（三）依法取得的建设工程消防验收或者进行竣工验收消防备案的法律文件复印件；

（四）消防安全制度、灭火和应急疏散预案、场所平面布置图；

（五）员工岗前消防安全教育培训记录和自动消防系统操作人员取得的消防行业特有工种职业资格证书复印件；

（六）法律、行政法规规定的其他材料。

依照《建设工程消防监督管理规定》不需要进行竣工验收消防备案的公众聚集场所申请消防安全检查的，还应当提交场所室内装修消防设计施工图、消防产品质量合格证明文件，以及装修材料防火性能符合消防技术标准的证明文件、出厂合格证。"

问题 3：公安消防机构对公众聚集场所进行消防安全检查时，应当检查哪些内容？

答：《消防监督检查规定》第九条规定："对公众聚集场所投入使用、营业前进行消防安全检查，应当检查下列内容：

（一）建筑物或者场所是否依法通过消防验收合格或者进行竣工验收消防备案抽查合格；依法进行竣工验收消防备案但没有进行备案抽查的建筑物或者场所是否符合消防技术标准；

（二）消防安全制度、灭火和应急疏散预案是否制定；

（三）自动消防系统操作人员是否持证上岗，员工是否经过岗前消防安全培训；

（四）消防设施、器材是否符合消防技术标准并完好有效；

（五）疏散通道、安全出口和消防车通道是否畅通；

（六）室内装修材料是否符合消防技术标准；

（七）外墙门窗上是否设置影响逃生和灭火救援的障碍物。”

问题 4：对建成时间较长、没有相应的消防建筑设计审核、消防验收或者备案手续的建筑，公众聚集场所应如何申请消防安全检查？

答：公众聚集场所所在建筑在 1998 年 9 月 1 日前建成使用的，申请消防安全检查时，申请人不能提供《建筑工程消防设计审核意见书》《建筑工程消防验收意见书》的，可提供房屋所属权证等具有法律效力的证明文件复印件并注明情况，公安机关消防机构应依法受理。但有改建或者扩建工程的，应当先依照《建设工程消防监督管理规定》进行消防设计审核、消防验收或者备案，再申请公众聚集场所投入使用、营业前的消防安全检查。

对 1998 年 9 月 1 日后使用的建筑，应当在办理建设工程消防设计审核、消防验收或者备案手续后，再申请公众聚集场所投入使用、营业前的消防安全检查。

问题 5：村民自建住宅和临时性建筑是否可以开办公众聚集场所？

答：利用村民自建住宅或者临时性建筑开办公众聚集场所的，应当向公安机关消防机构申请投入使用、营业前的消防安全检查。申请时，村民自建住宅应当提供城乡规划部门或者其他政府部门核发的法律文件复印件，临时性建筑应当提供城乡规划部门核发的法律文件复印件，可以不提供《消防监督检查规定》第八条第一款第三项所列的“依法取得的建设工程消防验收或者进行消防竣工验收备案的法律文件复印件”。

公安机关消防机构应当按照《消防监督检查规定》第九条第二至第六项规定的内容以及场所是否符合消防技术标准的情况进行消防安全检查，做出同意或者不同意投入使用或者营业的决定。

【小资料】

《公共娱乐场所消防安全管理规定》

第二条 本规定所称公共娱乐场所，是指向公众开放的下列室内场所：

（一）歌舞厅、影剧院、礼堂等演出、放映场所；

（二）舞厅、卡拉 OK 厅等歌舞娱乐场所；

（三）具有娱乐功能的夜总会、音乐茶座和餐饮场所；

（四）游艺、游乐场所；

（五）保龄球馆、旱冰场、桑拿浴室等营业性健身、休闲场所。

第四节 单位和重点单位消防安全职责

【相关法条】

第十六条 机关、团体、企业、事业等单位应当履行下列消防安全职责：

（一）落实消防安全责任制，制定本单位的消防安全制度、消防安全操作规程，制定灭火和应急疏散预案；

（二）按照国家标准、行业标准配置消防设施、器材，设置消防安全标志，并定期组织检验、维修，确保完好有效；

（三）对建筑消防设施每年至少进行一次全面检测，确保完好有效，检测记录应当完整准确，存档备查；

（四）保障疏散通道、安全出口、消防车通道畅通，保证防火防烟分区、防火间距符合消防技术标准；

（五）组织防火检查，及时消除火灾隐患；

（六）组织进行有针对性的消防演练；

（七）法律、法规规定的其他消防安全职责。

单位的主要负责人是本单位的消防安全责任人。

第十七条　县级以上地方人民政府公安机关消防机构应当将发生火灾可能性较大以及发生火灾可能造成重大的人身伤亡或者财产损失的单位，确定为本行政区域内的消防安全重点单位，并由公安机关报本级人民政府备案。

消防安全重点单位除应当履行本法第十六条规定的职责外，还应当履行下列消防安全职责：

（一）确定消防安全管理人，组织实施本单位的消防安全管理工作；

（二）建立消防档案，确定消防安全重点部位，设置防火标志，实行严格管理；

（三）实行每日防火巡查，并建立巡查记录；

（四）对职工进行岗前消防安全培训，定期组织消防安全培训和消防演练。

【法条详解】

以上是关于机关、团体、企业、事业等单位的消防安全职责和消防安全重点单位的消防安全职责的规定。

问题1：如何理解第十六条第一款第七项“法律、法规规定的其他消防安全职责”？

答：这项规定，主要是考虑到其他消防安全、安全生产、危险品管理等方面的法律、行政法规以及地方性法规的规定，便于衔接。

问题2：什么是消防安全责任人？单位消防安全责任人的职责有哪些？

答：按照《机关、团体、企业、事业单位消防安全管理规定》第四条的规定，消防安全责任人，是指法人单位的法定代表人或者非法人单位的主要负责人，对本单位的消防安全工作全面负责，以保障单位将消防安全工作纳入本单位的整体决策和统筹安排，并与生产、经营、管理工作等同步进行和发展。

法人单位的法定代表人或者非法人单位的主要负责人是单位的消防安全责任人，对本单位的消防安全工作全面负责。按照《机关、团体、企业、事业单位消防安全管理规定》第六条规定："单位的消防安全责任人应当履行下列消防安全职责：

（一）贯彻执行消防法规，保障单位消防安全符合规定，掌握本单位的消防安全情况；

（二）将消防工作与本单位的生产、科研、经营、管理等活动统筹安排，批准实施年度消防工作计划；

（三）为本单位的消防安全提供必要的经费和组织保障；

（四）确定逐级消防安全责任，批准实施消防安全制度和保障消防安全的操作规程；

（五）组织防火检查，督促落实火灾隐患整改，及时处理涉及消防安全的重大问题；

（六）根据消防法规的规定建立专职消防队、义务消防队；

（七）组织制定符合本单位实际的灭火和应急疏散预案，并实施演练。"

按照《机关、团体、企业、事业单位消防安全管理规定》第十四条的规定，重点单位的消防安全责任人须报公安机关消防机构备案。

问题3：如何理解第十六条第二款“单位的主要负责人是本单位的消防安全责任人”？

答：为了明确责任，突出履行上述消防安全职责的重要性，《消防法》专门规定，单位的主要负责人是本单位的消防安全责任人。无论哪个环节出现了消防安全问题，单位的主要负责人，也就是单位的一把手，都不能推卸责任。

在目前中国的管理体制下，这一规定具有重要的意义。

问题4：什么是消防安全管理人？单位消防安全管理人的消防安全工作有哪些？

答：消防安全管理人，是指单位负有一定领导职务和权限的人，负责组织实施本单位的消防安全工作。消防安全管理人对消防安全责任人负责，具体实施和组织落实本单位消防安全管理工作。

按照《机关、团体、企业、事业单位消防安全管理规定》第七条规定：“消防安全管理人对单位的消防安全责任人负责，实施和组织落实下列消防安全管理工作：

（一）拟订年度消防工作计划，组织实施日常消防安全管理工作；

（二）组织制订消防安全制度和保障消防安全的操作规程并检查督促其落实；

（三）拟订消防安全工作的资金投入和组织保障方案；

（四）组织实施防火检查和火灾隐患整改工作；

（五）组织实施对本单位消防设施、灭火器材和消防安全标志维护保养，确保其完好有效，确保疏散通道和安全出口畅通；

（六）组织管理专职消防队和义务消防队；

（七）组织开展消防知识、技能的宣传教育和培训，组织灭火和应急疏散预案的实施和演练；

（八）单位消防安全责任人委托的其他消防安全管理工作。

消防安全管理人应当定期向消防安全责任人报告消防安全情况，及时报告涉及消防安全的重大问题。未确定消防安全管理人的单位，前款规定的消防安全管理工作由单位消防安全责任人负责实施。”

按照《机关、团体、企业、事业单位消防安全管理规定》第十四条的规定，重点单位的消防安全管理人须报公安机关消防机构备案。

问题5：消防安全重点单位如何界定？

答：《消防法》第十七条第一款规定：“县级以上地方人民政府公安机关消防机构应当将发生火灾可能性较大以及发生火灾可能造成重大的人身伤亡或者财产损失的单位，确定为本行政区域内的消防安全重点单位，并由公安机关报本级人民政府备案。”

根据《机关、团体、企业、事业单位消防安全管理规定》第十三条的规定，目前正在管理的消防安全重点单位，共有以下十一类：

1. 商场（市场）、宾馆（饭店）、体育场（馆）、会堂、公共娱乐场所等公众聚集场所（以下统称公众聚集场所）。

2. 医院、养老院和寄宿制的学校、托儿所、幼儿园。

3. 国家机关。

4. 广播电台、电视台和邮政、通信枢纽。

5. 客运车站、码头、民用机场。

6. 公共图书馆、展览馆、博物馆、档案馆以及具有火灾危险性的文物保护单位。

7. 发电厂（站）和电网经营企业。

8. 易燃易爆化学物品的生产、充装、储存、供应、销售单位。

9. 服装、制鞋等劳动密集型生产、加工企业。

10. 重要的科研单位。

11. 其他发生火灾可能性较大以及一旦发生火灾可能造成重大人身伤亡或者财产损失的单位。

此外，高层办公楼（写字楼）、高层公寓楼等高层公共建筑，城市地下铁道、地下观光隧道等地下公共建筑和城市重要的交通隧道，粮、棉、木材、百货等物资集中的大型仓库和堆场，国家和省级重点工程的施工现场，也应当按照消防安全重点单位的要求，实行严格管理。

问题 6：与一般消防安全单位相比，消防安全重点单位还应当履行哪些消防安全职责？

答：根据《消防法》第十七条的规定，消防安全重点单位除应当履行本法第十六条规定的职责外，还应当履行下列消防安全职责：

1. 确定消防安全管理人，组织实施本单位的消防安全管理工作。这个确定的消防安全管理人，可以是专职的人员，也可以是兼职的人员，但无论如何应当明确。

2. 建立消防档案，确定消防安全重点部位，设置防火标志，实行严格管理。这是关于重中之重的规定，因为即使是重点单位，也有需要更加突出保护的部位。

3. 实行每日防火巡查，并建立巡查记录。这个要求实际上非常严格，使得不确定专人负责，几乎成为不可能的事情。

4. 对职工进行岗前消防安全培训，定期组织消防安全培训和消防演练。上岗前要进行消防安全培训，未培训不上岗。

问题 7：什么是单位防火检查？单位防火检查包括哪些内容？

答：单位防火检查是指单位组织的对本单位消防安全状况情况的检查，是单位自我管理，自我约束的主要形式。对检查中发现的火灾隐患，要及时清除，在火灾隐患未清除前，单位应当落实防范措施，确保消防安全。

按照《机关、团体、企业、事业单位消防安全管理规定》第二十六条的规定，机关、团体、事业单位应当至少每季度进行一次防火检查，其他单位应当至少每月进行一次防火检查。检查的内容应当包括：

1. 火灾隐患的整改情况以及防范措施的落实情况。

2. 安全疏散通道、疏散指示标志、应急照明和安全出口情况。

3. 消防车通道、消防水源情况。

4. 灭火器材配置及有效情况。

5. 用火、用电有无违章情况。

6. 重点工种人员以及其他员工消防知识的掌握情况。

7. 消防安全重点部位的管理情况。

8. 易燃易爆危险物品和场所防火防爆措施的落实情况以及其他重要物资的防火安全情况。

9. 消防（控制室）值班情况和设施运行、记录情况。

10. 防火巡查情况。

11. 消防安全标志的设置情况和完好、有效情况。

12. 其他需要检查的内容。

防火检查应当填写检查记录。检查人员和被检查部门负责人应当在检查记录上签名。

第五节　共用建筑物的消防安全责任

【相关法条】

第十八条　同一建筑物由两个以上单位管理或者使用的，应当明确各方的消防安全责任，并确定责任人对共用的疏散通道、安全出口、建筑消防设施和消防车通道进行统一管理。

住宅区的物业服务企业应当对管理区域内的共用消防设施进行

维护管理，提供消防安全防范服务。

【法条详解】

本条第一款规定了两个以上单位管理或者使用同一建筑物的消防安全要求。

多产权建筑中的每个单位，都应当依法履行法定的消防安全职责。

本条第二款规定了住宅区的物业服务企业应当履行消防安全管理职责。

问题 1：怎样理解本条第一款中的“同一建筑物由两个以上单位管理或者使用”？

答：两个以上单位共用的建筑物包括：两个以上单位对建筑物各自享有产权并直接使用；两个以上单位对建筑物分别享有管理权；两个以上单位对建筑物通过承包、承租或受托经营管理等形式对建筑物分别享有使用权等情况。

问题 2：同一建筑物由两个以上单位管理或者使用的，对共用的疏散通道、安全出口、建筑消防设施和消防车通道，为什么要确定责任人进行统一管理？如何进行统一管理？

答：由于该类建筑的产权性质、使用方法复杂，容易产生消防安全职责不清，日常管理中相互之间缺乏沟通协调，各方当事人主体往往会出现“三个和尚没水吃”的推诿塞责现象，极易产生消防隐患和死角，管理难度很大。“确定责任人进行统一管理”的目的在于强化共有或者共用建筑物场合各方主体的消防责任意识。

进行统一管理的具体方法，既可以由各个管理人或使用人成立消防安全组织来进行管理，也可以委托其中的一家单位负责管理，或者共同委托物业管理企业来进行统一管理。

问题 3：建筑物实行承包、租赁或者委托经营时，产权单位和实行承包、租赁或者委托经营的单位，各自的职责是什么？

答：按照《机关、团体、企业、事业单位消防安全管理规定》第八条的规定，建筑物实行承包、租赁或者委托经营、管理时，产权单位和实行承包、租赁或者委托经营的单位的职责如下：

1. 产权单位应提供符合消防安全要求的建筑物。

2. 产权单位和承包、租赁单位之间应在合同中明确各方的责任。

3. 消防车通道、涉及公共消防安全的疏散设施和其他建筑消防设施由产权单位或者委托的单位统一管理。

4. 多产权的单位的建筑物，各产权单位、使用单位对消防车通道、涉及公共消防安全的疏散设施和其他建筑消防设施应当明确管理责任，也可以委托统一管理。

5. 承包、承租或者受委托经营、管理的单位应在其使用、管理范围内履行消防安全职责。

问题 4：如何理解本条第二款中的物业服务企业的责任？

答：随着住房私有化程度的不断提高，越来越多的住宅小区中的房屋属于业主个人私有。根据《物权法》的规定，业主对住宅建筑物的公用部分也拥有权利，并且应当承担管理的义务。一般而言，住宅小区都是委托物业管理公司承担具体的物业管理职责，消防安全的日常管理也不例外。但是，由于消防安全的责任主体是开发商或者住宅的业主委员会，因此，物业服务企业并不是责任主体，所以本条第二款从两个方面规定了其职责：

1. 对管理区域内的共用消防设施进行维护管理

这些共用消防设施属于城市整体消防安全的重要组成部分，法律如此规定，实际上是给物业管理公司设定的法定义务。

2. 提供消防安全防范服务

这一规定，实际上是一种约定义务。也就是说，物业管理公司提供这方面的义务，并不是无偿的、无条件的法定义务，而是根据与开发商或者业主委员会签订的物业管理合同而提供有对价的约定服务。如果开发商或者业主委员会未就消防安全防范服务事项与物业公司签订约定服务合同，物业管理公司就不提供这种服务，因此产生的消防安全责任，应当由开发商或者业主委员会承担。

【小案例】

商住楼底商火灾事故

2006年4月10日夜间12点，某市一栋商住楼的底商饭店发生了一起火灾，临近单位一名值班人员发现后迅速报警。该市消防机关接警后赶到现场，对卷帘门进行破拆，把3个50公斤的液化气钢瓶转移到安全地带，断电后出水灭火，控制了火势发展，未造成重大损失。此次火灾经勘查为电气火灾，大火烧毁了室内装修及部分物品，并引燃门口上方广告牌，对二楼住户造成了威胁。

商住楼在各城市中迅速增多，在许多城市道路两旁的建筑中，有65%以上是商住楼。商住楼的主要安全隐患有：

1. 商住楼存在楼上住户集中、人员疏散困难、底商可燃物较多、起火因素繁多、火灾蔓延迅速、火灾扑救难度大等火灾危险性、一旦发生火灾，严重威胁楼上广大住户安全，极易造成群死群伤的恶性事故。

2. 部分商业营业厅营业面积大，电气设施多，可燃物多，人员密集且流动量大，易发生火灾事故，且灭火环境复杂，扑救难度极大，火灾之后整个建筑的结构完整性也遭到破坏，是商住楼建筑整体的重点防火部位。而商住楼底部的商业部分多为招租或买断，甚至买断后又出租，存在复杂的产权关系，消防安全管理工作无法落实。

3. 从建筑防火设计上分析，商住楼的商业部分在建筑初期使用用途不确定，有商店、饭店、公共娱乐场所等多种形式，初期设计无针对性，导致防火、疏散等问题得不到很好的处理。底商投入使用后又加隔断，导致有的商业单元无消火栓等消防设施，再次破坏了初期设计。

商住楼火灾事故的发生给全社会敲响了警钟，物业管理单位应加强对商住楼的日常消防安全管理，加强防火巡查，及时消除火灾隐患。公安消防机构也应加大监督力度，在对商住楼的消防监督检查中应侧重于商业营业厅的使用功能和安全疏散设施方面，并督促业主积极落实消防安全制度，严格用火用电制度，从而确保人民生命财产安全。

第六节　生产、储存、经营易燃易爆危险品场所的设置要求

【相关法条】

第十九条　生产、储存、经营易燃易爆危险品的场所不得与居住场所设置在同一建筑物内，并应当与居住场所保持安全距离。

生产、储存、经营其他物品的场所与居住场所设置在同一建筑物内的，应当符合国家工程建设消防技术标准。

【法条详解】

本条是关于居住场所与生产、储存、经营场所设置的原则规定。

问题 1：什么是易燃易爆危险品？

答：根据《危险化学品管理条例》（国务院令第 334 号）的规定，易燃危险品主要是指易燃固体、易燃液体、易燃气体、自燃物品、遇水燃烧物品、氧化剂和有机过氧化物等，易爆危险品主要包括民用爆炸物、火药、炸药、弹药、核能物质等。此类场所火灾危险性极大，极易造成人员伤亡和财产损失。

问题 2：怎样理解本条规定？

答：20 世纪 90 年代以来，广东、福建等省发生多起由于将车间、仓库、宿舍设置在同一建筑物内而发生的造成群死群伤的恶性火灾事故。在“三合一”建筑中，之所以屡屡发生群死群伤的恶性事故，一方面是由于这些企业对员工人身安全不重视，缺乏消防安全管理制度和措施，造成严重的火灾隐患；另一方面是由于过去对此缺乏明确的法律规定。

因此，针对这种危险情况，《消防法》第十九条做出了有针对性的规定，包括以下两个方面内容：

1. 严格禁止“三合一”的情况。规定生产、储存、经营易燃易爆危险品的场所不得与居住场所设置在同一建筑物内，并应当与居住场所保持安全距离。也就是说，只要是易燃易爆危险品的场所，绝对禁止与居住场所建在一起。因为易燃易爆危险品的场所发生火灾和爆炸的危险系数很高，建在同一建筑物内，一旦发生爆炸火灾，后果可想而知，所以一刀切予以禁止。

2. 实践中，一些商店、家庭作坊往往是生产、储存、经营场所与居住场所均设置在同一建筑物内，这样便于生产、经营与生活。所以，当货物储存区、经营区与居住区的设置符合国家工程建设消防技术标准时，可以与居住场所设置在同一建筑物内。

本条规定突出规范了重点，又照顾到现实社会的一般情况，充分体现了法律制度设计的比例性和适当性的原则，既能够保障消防安全，又可以保障公民、法人的合法权益，并且充分利用了技术标准和技术规范等技术手段。

【小资料】

关于易燃易爆危险品的生产、储存、运输等单位设置的规定

《消防法》第二十二条规定：“生产、储存、装卸易燃易爆危险品的工厂、仓库和专用车站、码头的设置，应当符合消防技术标准。易燃易爆气体和液体的充装站、供应站、调压站，应当设置在符合消防安全要求的位置，并符合防火防爆要求。

已经设置的生产、储存、装卸易燃易爆危险品的工厂、仓库和专用车站、码头，易燃易爆气体和液体的充装站、供应站、调压站，不再符合前款规定的，地方人民政府应当组织、协调有关部门、单位限期解决，消除安全隐患。”

第七节　火灾危险场所和特种作业人员的要求

【相关法条】

第二十一条　禁止在具有火灾、爆炸危险的场所吸烟、使用明火。因施工等特殊情况需要使用明火作业的，应当按照规定事先办理审批手续，采取相应的消防安全措施；作业人员应当遵守消防安全规定。

进行电焊、气焊等具有火灾危险作业的人员和自动消防系统的操作人员，必须持证上岗，并遵守消防安全操作规程。

【法条详解】

本条是对火灾危险场所和特种作业人员的要求。

问题1：什么是具有火灾、爆炸危险的场所？

答：火灾危险场所是指在生产过程中，生产、使用、加工、储存或转运闪点高于环境温度的可燃液体、可燃粉尘、可燃纤维或有固体状可燃物质，并在可燃物的数量和配置上能引起火灾危险的场所；爆炸危险场所是指生产、储存、使用易燃易爆物质，并能形成爆炸性混合物，具有爆炸危险的场所，如储存烟花爆竹的仓库、加油站、油罐区等。

问题2：本条“禁止在具有火灾、爆炸危险的场所吸烟、使用明火”中的“使用明火”，包括哪些行为？

答：禁止在具有火灾、爆炸危险的场所使用明火，既包括焊接、切割、热处理、烘烤、熬炼等明火作业，也包括炉灶及灼热的炉体、烟筒、电热器等生活用火及吸烟、明火取暖、明火照明等。

问题 3：在具有火灾、爆炸危险的场所使用明火作业，需要满足哪些条件？

答：根据本条第一款的规定，在具有火灾、爆炸危险的场所使用明火作业，需要满足以下三条规定：

1. 使用明火必须是因生产、保养、修理等施工作业需要。

2. 应当事先按照规定办理审批手续

国家有关部门对特殊行业使用明火作业报批的审批程序做出了规定。通常根据发生火灾、爆炸事故的可能性和可能造成的危害程度，将动火划分为三级。申请明火作业时，要按照动火等级办理审批手续，有关人员要到现场进行检查测定，制定动火作业方案，落实相应的消防安全措施。

3. 作业人员应当遵守消防安全规定，采取相应的消防安全措施。

问题 4：怎样理解本条第二款的规定？

答：理解本条第二款的规定，需要注意以下几个方面：

1. “具有火灾危险的作业的人员”，包括易燃易爆危险物品的操作管理人员、电工等。

2. “自动消防系统的操作人员”，是指消防控制室的值班操作人员。

3. 根据有关规定，易燃易爆危险物品的操作管理人员和自动消防系统的操作人员，上岗前应当经过专门的消防安全培训，必须把消防安全知识、技能作为培训、考核的内容之一，持证上岗。这对于提高特定岗位人员的消防安全素质、强化特定岗位的消防安全管理，具有重要作用。

【小案例】

哈尔滨市大世界商城火灾事故

2009 年 5 月 10 日，位于哈尔滨市南岗区东大直街的哈尔滨市大世界商城地下二层仓库因电焊工违章进行焊切操作引发火灾。2009 年 6 月 3 日，在不到一个月的时间内，大世界商城地下二层简易库房因遗留火种又发生火灾。大世界商城在不到一个月的时间里连续发生两起火灾，反映出该商城的业主以及物业管理单位不但防火意识淡薄，而且违反了《消防法》的有关规定。

《消防法》第二十一条规定，在具有火灾、爆炸危险的场所使用明火，应当按照规定事先办理审批手续，采取相应的消防安全措施，作业人员应当遵守消防安全规定。

本案中火灾的发生，商城的物业管理部门，单位的消防安全负责人和电焊工都是有责任的。该区消防部门依据《消防法》的有关规定，对哈尔滨市大世界商城的物业管理部门进行了罚款处罚，并责令该商城进行停产停业整改，对所属的物业业主进行罚款处罚，对单位消防安全负责人给予罚款和行政拘留的处罚，并对电焊工处以行政拘留的行政处罚。

在加油站违规作业被拘留

2009 年 5 月 4 日，某消防大队监督检查人员在该县城东一家加油站附近执法时，发现顾某某无视易燃易爆危险物品场所消防安全规定，在加油站的加油岛上部顶棚除锈作业时，使用电动钢丝刷除锈，产生明火。执法人员立即制止其行为，并进行了严厉的批评教育。随后，消防大队监督检查人员报请县公安局对此案进行审核。

《消防法》第二十一条第一款规定："禁止在具有火灾、爆炸危险的场所吸烟、使用明火。"顾某某的行为严重违反了该规定，如果明火引燃正在加油站内加油的车辆，后果不堪设想。

因此，县公安局做出裁决，给予当事人顾某某拘留 5 日的行政处罚，并立即送往县拘留所执行。

【小资料】

《机关、团体、企业、事业单位消防安全管理规定》

第二十条　单位应当对动用明火实行严格的消防安全管理。禁止在具有火灾、爆炸危险的场所使用明火；因特殊情况需要进行电、气焊等明火作业的，动火部门和人员应当按照单位的用火管理制度办理审批手续，落实现场监护人，在确认无火灾、爆炸危险后方可动火施工。动火施工人员应当遵守消防安全规定，并落实相应的消防安全措施。

公众聚集场所或者两个以上单位共同使用的建筑物局部施工需要使用明火时，施工单位和使用单位应当共同采取措施，将施工区和使用区进行防火分隔，清除动火区域的易燃、可燃物，配置消防器材，专人监护，保证施工及使用范围的消防安全。

公共娱乐场所在营业期间禁止动火施工。

第八节　易燃易爆危险品消防安全管理

【相关法条】

第二十三条　生产、储存、运输、销售、使用、销毁易燃易爆危险品，必须执行消防技术标准和管理规定。

进入生产、储存易燃易爆危险品的场所，必须执行消防安全规定。禁止非法携带易燃易爆危险品进入公共场所或者乘坐公共交通工具。

储存可燃物资仓库的管理，必须执行消防技术标准和管理规定。

【法条详解】

第二十三条主要内容：1. 易燃易爆危险品的相关安全管理规定。2. 储存可燃物资仓库的消防安全管理规定。

问题1：生产、储存、运输、销售、使用、销毁易燃易爆危险品必须执行的消防技术标准和管理规定有哪些？

答：为保证易燃易爆危险品在生产、储存、运输、销售、使用以及销毁过程中的安全，国家制定了一系列有关消防安全规定，如

《危险化学品安全管理条例》《民用爆炸物品管理条例》《城市燃气安全管理规定》《关于运输烟花爆竹的规定》等。

问题 2：进入易燃易爆危险品的场所必须执行哪些消防安全规定？

答：进入易燃易爆危险品的场所必须执行以下规定：

1. 进入生产、储存易燃易爆危险物品的场所人员必须登记，并交出携带的火种。

2. 装卸易燃易爆危险物品时，操作人员不得穿戴容易产生静电的工作服、帽和使用容易产生火花的工具，对易产生静电的装卸设备要采取消除静电的措施。

3. 禁止携带火种进入生产、储存易燃易爆危险物品的场所。

【小案例】

吉林双苯厂“11·13”爆炸事故

一、事故经过

2005 年 11 月 13 日 13 时 40 分，中国石油吉林石化公司双苯厂发生爆炸事故，造成 8 人死亡、1 人重伤、60 人受伤。该事故导致新苯胺装置、1 个硝基苯储罐、2 个苯储罐报废，苯酚、老苯胺装置、苯酐装置、2、6—二乙基苯胺等 4 套装置停产。此次爆炸事故也导致了一起跨省际、跨国界的重大环境污染事件，爆炸后的苯类污染物流入松花江，江水中硝基苯超标 28.08 倍。整个污水团长度约 80 km，以约 2 km/h 的速度向下游移动，受污染的松花江水流过的江面总长度约 1 000 km，直接经济损失 6 908 万元。

二、事故原因

1. 直接原因

造成事故的直接原因是硝基苯精制岗位外操人员违反操作规

程，在停止粗硝基苯进料后，未关闭预热器蒸汽阀门，导致预热器内物料气化；恢复硝基苯精制单元生产时，再次违反操作规程，先打开了预热器蒸汽阀门加热，后启动粗硝基苯进料泵进料，引起进入预热器的物料突然沸腾并发生剧烈振动，使预热器及管线的法兰松动、密封失效，空气吸入系统。又由于摩擦、静电等原因，导致硝基苯精馏塔发生爆炸，并引发其他装置、设施连续爆炸。

2. 间接原因

造成事故的间接原因是中国石油天然气股份有限公司吉林石化分公司及双苯厂对安全生产管理重视不够，对存在的安全隐患整改不力，安全生产管理制度存在漏洞，劳动组织管理存在缺陷。

大连石化分公司“6·2”爆炸事故

一、事故经过

2013年6月2日14时27分，中国石油天然气股份有限公司大连石化分公司（以下简称“大连石化公司”）第一联合车间三苯罐区小罐区939#杂料罐在动火作业过程中发生爆炸、泄漏物料着火，并引起937#、936#、935#三个储罐相继爆炸着火，造成4人死亡，直接经济损失697万元。

二、事故原因

1. 直接原因

造成事故的直接原因是林沅公司作业人员在罐顶违规违章进行气割动火作业，切割火焰引燃泄漏的甲苯等易燃易爆气体，回火至罐内引起储罐爆炸。

2. 间接原因

（1）中石油七建公司大连项目部在承揽939#储罐仪表维护平台更换项目后，非法分包给没有劳务分包企业资质的林沅公司，以包代管、包而不管，没有对现场作业实施安全管控。

（2）林沅公司未能依法履行安全生产主体责任，未取得劳务分包企业资质就非法承接项目；企业规章制度不健全、不落实，员工安全意识淡薄，违章动火；未对现场作业实施有效的安全管控。

（3）大连石化公司安全管理责任不落实，管理及作业人员安全意识淡薄，制度执行不认真、不严格，检维修管理、动火管理和承包商管理严重缺失。

第九节　消防产品监督管理制度

【相关法条】

第二十四条　消防产品必须符合国家标准；没有国家标准的，必须符合行业标准。禁止生产、销售或者使用不合格的消防产品以及国家明令淘汰的消防产品。

依法实行强制性产品认证的消防产品，由具有法定资质的认证机构按照国家标准、行业标准的强制性要求认证合格后，方可生产、销售、使用。实行强制性产品认证的消防产品目录，由国务院产品质量监督部门会同国务院公安部门制定并公布。

新研制的尚未制定国家标准、行业标准的消防产品，应当按照国务院产品质量监督部门会同国务院公安部门规定的办法，经技术鉴定符合消防安全要求的，方可生产、销售、使用。

依照本条规定经强制性产品认证合格或者技术鉴定合格的消防产品，国务院公安部门消防机构应当予以公布。

第二十五条　产品质量监督部门、工商行政管理部门、公安机关消防机构应当按照各自职责加强对消防产品质量的监督检查。

第二十六条　建筑构件、建筑材料和室内装修、装饰材料的防火性能必须符合国家标准；没有国家标准的，必须符合行业标准。

人员密集场所室内装修、装饰，应当按照消防技术标准的要求，使用不燃、难燃材料。

【法条详解】

第二十四条主要规定了消防产品的基本要求，市场准入制度、信息公布的内容。

第二十五条是关于消防产品监督主体的规定。

第二十六条是关于建筑构件、建筑材料和室内装修、装饰材料防火性能以及人员密集场所室内装修、装饰使用不燃、难燃材料必须符合有关标准的规定。

问题1：什么是消防产品？《消防法》对消防产品市场准入制度作何规定？

答：消防产品是指专门用于火灾预防、灭火救援和火灾现场防护、避难、逃生的产品。消防产品是经过加工、制作并用于销售的消防安全用品。如灭火器，经过板材生产、切割、焊接、充装等工序加工，最后通过销售渠道到用户手中，用以扑救初期火灾。建设工程中用于消防安全的建筑防火构配件和设备也是消防产品。

消防产品与消防设施不同，消防设施是用于扑救建筑物火灾的设备设施的总称，它可以由单个或多个消防产品通过一定的组合和连接方式，构成一系列的防火灭火系统，包括火灾自动报警系统、自动灭火系统、消火栓系统、防排烟系统以及应急广播和应急照明、安全疏散设施等。

消防产品是公共安全类产品，其质量直接关系到在预防火灾和发生火灾后消防产品能否有效地发挥作用，从而及时处置火灾，保障人身和财产安全，因此，对消防产品必须严格管理。针对当前消防产品市场存在的问题，为了有效提高消防产品质量，确保消防安全，《消防法》第二十四条第一款规定：“消防产品必须符合国家标准；没有国家标准的，必须符合行业标准。禁止生产、销售或者使用不合格的消防产品以及国家明令淘汰的消防产品。依法实行强制性产品认证的消防产品，由具有法定资质的认证机构按照国家标准、行业标准的强制性要求认证合格后，方可生产、销售、使用。实行强制性产品认证的消防产品目录，由国务院产品质量监督部门会同国务院公安部门制定并公布。新研制的尚未制定国家标准、行业标准的消防产品，应当按照国务院产品质量监督部门会同国务院公安部门规定的办法，经技术鉴定符合消防安全要求的，方可生产、销售、使用。依照本条规定经强制性产品认证合格或者技术鉴定合格的消防产品，国务院公安部门消防机构应当予以公布。”该款明确了消防产品的市场准入制度。以强制性认证制度为主、技术鉴定制度为补充。

对纳入强制性产品认证目录的消防产品，实行强制性产品认证制度。目前，公安部消防产品合格评定中心就是具有法定资质的消防产品认证机构。对纳入强制性产品认证范围的消防产品，实行目录管理，由国务院产品质量监督部门会同公安部门制定并向社会公布消防产品目录，未纳入目录的，不需要认证机构进行认证。

根据2003年国务院公布的《中华人民共和国认证认可条例》的规定，为了保护国家安全、防止欺诈行为、保护人体健康或者安全、保护动植物生命或者健康、保护环境，国家规定相关产品必须经过认证的，应当经过认证并标注认证标志后，方可出厂、销售、进口或者在其他经营活动中使用。国家对必须经过认证的产品，统一产品目录，统一技术规范的强制性要求、标准和合格评定程序，统一标志，统一收费标准。统一的产品目录由国务院认证认可监督管理部门会同国务院有关部门制定、调整，由国务院认证认可监督管理部门发布，并会同有关方面共同实施。列入目录的产品，必须经国务院认证认可监督管理部门指定的认证机构进行认证。列入目录产品的认证标志，由国务院认证认可监督管理部门统一规定。

对新研制的尚未制定国家标准、行业标准的消防产品，实行消防产品技术鉴定制度。

问题 2：消防产品的质量监督主体包括哪些部门？各部门是如何分工的？

答：《消防法》第二十五条规定："产品质量监督部门、工商行政管理部门、公安机关消防机构应当按照各自职责加强对消防产品质量的监督检查"。因此，消防产品的质量监督主体包括产品质量监督部门、工商行政管理部门、公安机关消防机构三个部门。

根据《产品质量法》和国务院批准的国家质量监督检验检疫总局、国家工商行政管理总局、公安部的规定，以及本条的规定，其具体管辖分工是：

1. 各级公安消防机构负责使用领域消防产品的监督管理，并对违法使用消防产品的行为以及消防产品技术服务机构的违法行为实施处罚。

2. 各级质量技术监督部门负责生产领域消防产品的监督管理，并对违法生产消防产品的行为实施处罚。

3. 工商部门主要负责流通领域的监督管理，打击假冒或仿冒他人产品商标、名称、包装、装潢，伪造或冒用他人厂名、厂址等侵权行为，利用广告或其他手段对产品质量做虚假宣传等欺诈行为，取缔无照经营活动。

问题 3：什么是建筑构件及其防火性能？

答：建筑构件，是指用于组成建筑物的梁、楼板、柱、墙、楼梯、屋顶承重构件、吊顶等。

建筑构件的防火性能是建筑构件的耐火极限和建筑材料的燃烧性能的综合表述。

耐火极限用时间表示，其含义是对任一建筑构件按时间和温度标准曲线进行耐火试验，从受到火的作用时起，到失去支持能力或完整性被破坏或失去隔火作用时为止的这段时间。

燃烧性能，由构成建筑构件的材料的燃烧性能决定。按燃烧性能，建筑构件可划分为三类：不燃烧体、难燃烧体、燃烧体。

问题 4：什么是人员密集场所?

答：人员密集场所，是指公共聚集场所，医院门诊楼、病房楼，学校的教学楼、图书馆、食堂和集体宿舍，养老院，福利院，托儿所，幼儿园，公共图书馆的阅览室，公共展览馆、博物馆的展示厅，劳动密集型企业的生产加工车间和员工集体宿舍，旅游、宗教活动场所等。

第十节　电器产品和燃气用具的相关消防安全要求

【相关法条】

第二十七条　电器产品、燃气用具的产品标准，应当符合消防安全的要求。

电器产品、燃气用具的安装、使用及其线路、管路的设计、敷设、维护保养、检测，必须符合消防技术标准和管理规定。

【法条详解】

本条是关于电器产品、燃气用具消防安全要求的规定。

电器产品、燃气用具的产品标准如果不符合消防安全要求，生产出来的这类产品必然存在消防安全隐患。

问题 1：什么是电器产品和燃气用具?

答：电器产品是指接通和断开电路或控制、调节以及保护电路和设备的电工器具和装置。

燃气用具，主要是指燃气灶具，公用燃气炊事器具，燃气烘烤器具，燃气热水、开水器具，燃气取暖器具，燃气交通运输工具，燃气冷暖机及燃气计量器、钢瓶及调压器等。

问题 2：有关电器产品和燃气用具的消防安全管理规定有哪些？

答：国家有关部门发布了一系列关于电器产品、燃气用具安装、设计、线路或管路的设计、敷设、使用等消防安全管理规定，如《电力设计规范》《高层居民住宅楼防火管理规则》《城市燃气安全管理规定》《城市煤气设计规范》《输气管道工程设计规范》《液化石油气安全管理暂行规定》《城市人工煤气安全管理暂行规定》等。

【小资料】

加强城镇燃气安全

随着天然气、液化石油气、人工煤气等城市燃气资源的大量开发、生产和广泛使用，燃气火灾越来越多。2004 年，原建设部、公安部专门发出了《关于加强城镇燃气用户安全工作的通知》，通知要求：各地建设行政主管部门要加强对燃气企业的安全监督管理，督促企业认真贯彻执行燃气管理的有关法规和燃气安全技术规范（规程、标准）强制性条款，落实对燃气用户安全检查、安全服务的责任。要将燃气安全监督检查工作规范化、制度化。

检查的主要内容是：燃气企业贯彻国家和各地燃气管理法规的情况；企业对燃气设施运行、维护、巡查巡检的情况；燃气企业对用户进行安全检查的情况；企业处置燃气安全事故报告、抢险、抢修，应对燃气供应突发事件的情况；液化气钢瓶灌装和使用的情况。要通过燃气安全检查，纠正燃气供应、使用中的不规范行为，消除燃气安全隐患。

第十一节　公共消防设施的维护、管理

【相关法条】

第二十八条　任何单位、个人不得损坏、挪用或者擅自拆除、停用消防设施、器材，不得埋压、圈占、遮挡消火栓或者占用防火间距，不得占用、堵塞、封闭疏散通道、安全出口、消防车通道。人员密集场所的门窗不得设置影响逃生和灭火救援的障碍物。

第二十九条　负责公共消防设施维护管理的单位，应当保持消防供水、消防通信、消防车通道等公共消防设施的完好有效。在修建道路以及停电、停水、截断通信线路时有可能影响消防队灭火救援的，有关单位必须事先通知当地公安机关消防机构。

【法条详解】

第二十八条主要内容是消防设施、器材以及疏散通道、安全出口、消防车通道的维护管理和人员密集场所的门窗设置要求。第二十九条主要内容是负责公共消防设施维护管理的单位对公共消防设施的管理与维护保养。

问题1：如何理解《消防法》第二十八条的规定？

答：理解《消防法》第二十八条的规定，需理解以下几个词语：

1. 消防设施、器材，包括固定的消防设施和移动的消防器材。固定的消防设施如火灾自动报警系统装置、各类灭火系统装置、疏散设施等；移动的消防器材如各种灭火器、灭火工具等。

2. 消火栓，是指与供水管网连接，由阀门、出水口和壳体等组成的消防供水（或泡沫溶液）的装置，是扑救火灾时的重要供水

装置。

3. 防火间距，是指建筑物之间或其他物体之间应保留的防止火灾蔓延扩大的间隔距离，起火时，不致殃及相邻建筑。

4. 消防车通道，是指供消防人员和消防装备到达建筑物进口或建筑物的通道，是消防车顺利、及时到达火场的必要保障。

5. 障碍物，是指在人员密集场所的门窗设置栅栏、广告牌等。

目前，在全国各地，一些单位和个人损坏或者擅自挪用、拆除、停用消防设施、器材，埋压圈占防火栓、占用防火间距、堵塞消防通道的行为相当普遍，使大量的消防设施、器材被损坏、挪用，发生火灾后起不到应有的作用；一些防火间距被侵占、消防通道被堵塞，发生火灾后，致使火灾很快蔓延，消防车又开不进去。所以说本条规定具有很强的针对性。

同时，根据本法第六十条规定，对违反本条的单位，责令改正，并处五千元以上五万元以下罚款。

问题 2：《消防法》第二十九条中，“负责公共消防设施的维护管理单位”指什么？

答：负责公共消防设施的维护管理单位是指建筑或公共场所的产权单位或者管理、服务单位以及特定场所消防设施专门维护管理单位。

问题 3：《消防法》第二十九条中，“在修建道路以及停电、停水、截断通信线路时”，“有关单位”应该怎么办？

答：在市政管理中，“在修建道路以及停电、停水、截断通信线路时”，如果面积大，时间长，不能及时修复或者恢复，就有可能造成消防车通道阻断、消防电源不能启动、消火栓压力不够或水量不足、消防通信中断而不能及时报警等，势必影响到消防队灭火救援工作，阻碍或者延误火灾的扑救，造成更大的财产损失和人员伤亡。所以，“有关单位”必须事先通知当地公安机关消防机构，以便其及时了解和掌握情况。

需要注意以下几点：

1. 有关单位必须事先通知，不得在事中甚至事后通知。

2. 通知对象是当地公安机关消防机构，而非其他单位。

3. 通知即可，无须当地公安机关消防机构的批准。

第十二节　火灾公众责任保险

【相关法条】

第三十三条　国家鼓励、引导公众聚集场所和生产、储存、运输、销售易燃易爆危险品的企业投保火灾公众责任保险；鼓励保险公司承保火灾公众责任保险。

【法条详解】

第三十三条主要说明公众聚集场所和易燃易爆危险品企业可以投保火灾公众责任保险，国家鼓励保险公司承保火灾公众责任保险。

问题 1：什么是火灾公众责任保险？

答：火灾公众责任保险是指投保人根据合同约定，向保险人支付保险费，被保险人在列明的场所内依法从事生产、经营等活动时，因场所内发生火灾、爆炸造成第三者人身损害，依法应当由被保险人承担的人身损害经济赔偿责任，以及相关必要的、合理的费用，由保险人按照合同约定予以承保。

问题 2：公众聚集场所和生产、储存、运输、销售易燃易爆危险品的企业是否必须参加火灾公众责任保险？

答：目前，国家只是鼓励、引导火灾公众责任保险的发展，以在一定程度上解决火灾事故的损失赔偿问题。同时，火灾公众责任保险并不是法律规定某些单位必须投保的险种，是否投保火灾公众责任保险，应当由相关单位自行决定。

问题 3：为什么《消防法》没有强制火灾公众责任保险的投保和承保？

答：保险本身的特性决定了其具有保障消防安全的功能，发挥保险手段保障消防安全，是许多国家的通行做法。

在《消防法》修订的过程中，有一种意见认为，对一旦发生火灾易给第三者造成人身伤害的场所，应当强制其投保火灾公众责任保险，运用市场机制进行灾后救济补偿，扭转“平日业主赚钱、灾后政府赔钱”的不合理状况。

但是，不少代表认为，鉴于目前强制企业投保火灾公众责任保险尚没有成熟地实践，不宜用法律强行推展，可以先做原则性的、鼓励性的规定，待条件成熟后，再通过立法推行强制保险更为稳妥。

而且，根据《保险法》的规定，行政法规可以设置强制保险制度，因此，可以在条件成熟后由国务院适时制定行政法规。

【小案例】

上海胶州路“11·15”大楼火灾事故的赔偿

2010 年 11 月 15 日，上海市静安区胶州路 728 号公寓大楼发生特别重大火灾事故，造成 58 人死亡、71 人受伤，直接经济损失 1.58 亿元。

上海静安区“11·15”火灾事故善后工作小组公布了每位遇难者 96 万元赔偿和救助金的具体构成。除去政府综合帮扶和社会爱心捐助资金 31 万元以外，事故责任单位将承担 65 万元的一次性死亡赔偿金。此外，受伤人员的伤残赔偿、失火房屋和财产损失赔偿金都将由事故单位赔偿，总价值不少于 5 亿元。责任单位上海静安区建设总公司承担赔偿责任。

假如责任单位不能承担赔付，应如何处理？案例进一步说明推行消防安全公众责任险的必要性。

第三章　消防组织

第一节　政府消防组织建设的责任

【相关法条】

第三十五条　各级人民政府应当加强消防组织建设，根据经济社会发展的需要，建立多种形式的消防组织，加强消防技术人才培养，增强火灾预防、扑救和应急救援的能力。

第三十六条　县级以上地方人民政府应当按照国家规定建立公安消防队、专职消防队，并按照国家标准配备消防装备，承担火灾扑救工作。

乡镇人民政府应当根据当地经济发展和消防工作的需要，建立专职消防队、志愿消防队，承担火灾扑救工作。

【法条详解】

第三十五条是关于各级人民政府加强消防组织建设，建立多种形式消防组织，加强消防技术人才培养的责任的规定。第三十六条是地方各级政府建立公安消防队、专职消防队、志愿消防队的职责。

各级各类消防组织是火灾预防、扑救，以及其他灾害和事故应急救援等工作的具体承担者，因此必须高度重视消防组织的建设，不断提高其消防应急救援能力，以满足经济社会发展对消防工作的需要。

问题 1：目前，我国有哪些消防组织？

答：目前，我国已经形成了以公安消防队伍为主体、多种形式消防队伍并存的消防组织体制。这些消防组织主要包括公安消防队伍（包括兵役制公安消防部队和职业制公安消防队伍）、专职消防队、志愿消防组织、安保服务型消防组织四类。

1. 公安消防队伍，是指由公安机关消防机构领导的从事火灾扑救和应急救援工作的组织，包括兵役制公安消防部队和职业制公安消防队伍。

（1）兵役制公安消防部队，是担负我国消防行政执法和灭火救援的主体力量，执行解放军的“三大条令”和兵役制度，纳入武警序列，实行公安机关领导、条块结合、分级管理体制。

（2）职业制公安消防队伍，是指主要由公安民警组成的消防队伍。铁路、交通、民航部门公安机关中的消防工作人员也实行职业制。

2. 专职消防队，是指城市（直辖市、副省级市、县级市以及市辖区）和相当级别的省、自治区、地、州、盟、旗驻地所在人民政府和建制镇人民政府及企事业单位为了维护当地和本单位的消防安全和扑救火灾而建立起来的专司消防工作的地方性专业灭火力量，是公安消防队的协同力量。

专职消防队主要有以下三种形式：一是县级以上人民政府投资建设、管理、使用、维护和保障，专门从事防灭火的政府专职消防队；二是企事业单位专职消防队；三是乡镇专职消防队。

3. 志愿消防组织，是指由乡镇、机关、团体或企事业组织，以及村（居）民委员会出资建立，根据本区域消防工作需要，在生产组织、民兵组织或基层群众组织的基础上，由本区域或者本单位志愿人员组成，志愿承担本区域或者本单位防火和火灾扑救工作的民间消防组织。

长三角地区的志愿消防队已达到有营房、有车（泵）、有固定人员，正在向发达国家的志愿消防队模式过渡，基本实现“小火有人救、大火能控制”的目标。

4. 安保服务型消防组织

一些消防保卫任务既重又难以组建专职消防队的企业提出，希望有关部门提供类似保安性质的消防服务。上海、山东、天津、福建等地实行消防安保服务，向企业派驻队员，实行统一规范的市场运营模式，并推行消防专职队员职业培训技能鉴定制度，使队员持证上岗。

问题 2：消防组织建设责任如何分工？

答：消防组织是实现消防监督的重要执法力量和火灾救援的重要实施力量。消防组织建设责任如下：

1. 中央人民政府

中央人民政府根据消防安全保卫工作和编制的需要，来保障公安消防部队的建设。

2. 县级以上地方人民政府

由于各地经济社会发展不平衡，我国目前相当数量的县级地方，公安现役消防力量尚不能覆盖。根据国务院《关于进一步加强消防工作的意见》明确要求，未设立公安消防队的城市应当按照国家规定的消防站建设标准，建立公安消防队、专职消防队。因此，县级以上地方人民政府应负责职业制公安消防队伍、政府专职消防队伍的建设。

3. 乡镇人民政府

乡镇人民政府应当根据经济发展和消防工作的需要，建立专职消防队、志愿消防队，承担火灾扑救工作。具体是建立专职消防队还是志愿消防队，法律没有强制性要求，可以根据乡镇经济社会发展的实际情况和消防工作的实际需要确定。

4. 企业

企业负责建设企业专职消防队。

我国借鉴国际通行做法，从实际情况出发，充分发挥中央和地方、政府和社会各方面的积极性，发展多种形式的消防组织，是解决消防力量不足、改善城乡消防站布局、增强全社会抗御火灾能力的重要措施。

问题 3：什么是消防技术人才？怎样培养各类消防技术人才？

答：消防技术人才，是指从事消防技术工作的人员，包括防火、灭火、应急救援以及消防科技的人员。

随着经济社会的不断发展，各级消防组织承担的任务越来越繁重和复杂，如城市高层建筑、地下交通设施、城市综合体的不断发展，对灭火救援工作提出了更高的技术要求。此外，除灭火救援工作以外，各级消防组织还承担着越来越多的应急救援工作，如处置危险化学品泄漏、重大自然灾害等。这些任务也都需要运用特定的专业技术设备和知识。因此，加强消防组织建设，需要重视防火、灭火、新型消防器材的研发，以及各种特殊应急救援等专业技术人才的培养。

培养各类消防技术人才，最核心的一点就是要不断增强其火灾预防、扑救和应急救援的能力，这是加强消防组织建设的出发点和归宿。

【小资料】

《国务院关于进一步加强消防工作的意见》

一、指导思想、工作原则和工作目标

（三）工作目标。到 2010 年，基本建立适应社会主义市场经济体制要求的消防法律法规和技术规范体系，基本实现消防工作与经济社会同步协调发展，基本形成覆盖城乡的专业灭火应急救援力量体系，消防工作社会化水平显著提升，全社会消防安全环境明显改善，抗御火灾的整体能力明显提高，重特大火灾尤其是群死群伤火灾事故得到有效遏制。

第二节　消防队伍能力建设

【相关法条】

第三十七条　公安消防队、专职消防队按照国家规定承担重大灾害事故和其他以抢救人员生命为主的应急救援工作。

第三十八条　公安消防队、专职消防队应当充分发挥火灾扑救和应急救援专业力量的骨干作用；按照国家规定，组织实施专业技能训练，配备并维护保养装备器材，提高火灾扑救和应急救援的能力。

【法条详解】

本条是关于公安消防队、专职消防队在火灾扑救和应急救援中应当发挥骨干作用以及业务能力建设原则性要求的规定。

问题1：除扑救火灾以外，公安消防队、专职消防队还应当履行哪些职责？

答：《国务院关于进一步加强消防工作的意见》第十条规定：“充分发挥公安消防队作为应急抢险救援专业力量的骨干作用。公安消防队在地方各级人民政府统一领导下，除完成火灾扑救任务外，要积极参加以抢救人员生命为主的危险化学品泄漏、道路交通事故、地震及其次生灾害、建筑坍塌、重大安全生产事故、空难、爆炸及恐怖事件和群众遇险事件的救援工作，并参与配合处置水旱灾害、气象灾害、地质灾害、森林、草原火灾等自然灾害，矿山、水上事故，重大环境污染、核与辐射事故和突发公共卫生事件。”这与公安消防队在汶川大地震救援中凸显出的高度专业化和战斗力有关。这是因为：

1. 公安消防队、专职消防队具备承担火灾扑救和应急救援的基本条件。

2. 公安消防队实际上已经成为应急救援的专业骨干力量，国务院制定下发的《国家突发公共事件总体应急预案》的25个专项预案、80个部门预案中，有62个预案将公安消防队作为重要处置力量。

3. 公安消防队在各类灾害事故应急救援中发挥了专业力量的骨干作用。

问题2：第三十七条、第三十八条中的“国家规定”指什么？

答：本条中的“国家法规”，主要是指法律法规以及公安部制定的规章、规范性文件中，关于灭火和应急救援业务训练方面的规定。目前，公安消防队业务训练主要按照《公安消防部队灭火救援业务训练与考核大纲》实施。

问题3：公安消防队、专职消防队承担灭火应急救援任务，应当着重提高哪些能力？

答：公安消防队、专职消防队承担灭火应急救援任务，应当着重提高以下三方面的能力：

1. 按照国家规定，组织实施专业技能训练，提高公安消防队、专职消防队火灾扑救和应急救援的战斗能力。

开展好专业技能训练是提高公安消防队、专职消防队应急救援战斗能力的根本途径。

2. 按照国家规定配备并维护保养装备器材，提高火灾扑救和

应急救援的战勤保障能力。

配备齐全的装备器材，做好战勤保障是消防队伍完成好火灾扑救和应急救援任务的前提条件。2006 年，国家修订颁布了《城市消防站建设标准》，明确了各类消防站消防车辆配备数量和常用消防车辆配备标准，规定了特勤和普通消防站的抢险救援器材配备标准和性能要求，以及消防员防护装备配备品种和数量。

为充分发挥消防车辆装备最大效益，延长使用寿命，应做好装备维护保养工作，保证装备车辆时刻处于良好的备勤状态，提高火灾扑救和应急救援的效率。

3. 建立健全火灾扑救和应急救援的体制和机制，全面提高火灾扑救和应急救援的综合能力。

问题 4：公安消防队、专职消防队承担灭火应急救援任务，当前应当做好哪些工作？

答：1. 健全应急救援法规体系，进一步明确公安消防队伍应急救援职能和范围。修订实施《公安消防部队执勤战斗条例》《公安消防部队灭火救援业务训练与考核大纲》，增加应急救援训练科目和内容，以规范应急救援训练工作，使应急救援工作有法可依、有章可循。

2. 进一步完善社会救援工作机制。各地人民政府应当充分发挥应急管理职能，进一步理顺应急救援领导管理体制，应按照《国家突发公共事件总体应急预案》规定，加快形成“统一指挥，反应灵敏、职责明确、运行高效”的应急救援管理体制。

3. 加强装备建设。

4. 要构建消防特勤力量网络。

5. 开展应急救援专业训练，持续开展岗位练兵，推进基地化、模拟化训练教程，不断提高消防人员的专业素质和应急救援实战能力。

6. 完善应急救援指挥体系。公安消防队、专职消防队要制定重大灾害事故响应等级、应急救援预案建立完善应急救援体系。

【小知识】

国外消防队伍的应急救援任务

绝大多数国家的消防队伍都承担着抢险救援和救急任务，队员受过专门的培训，并配备有必需的专业装备，成为城市救灾的主要力量。

美国的消防队建立在地方自治基础上。尽管各城市消防队的工作范围和任务不尽相同，但是，大多数消防队自成立之日就担负起紧急救援的任务。起初，这一任务也只限于解救被困在危险环境中、生命安全受到严重威胁的人员。随着经济和社会发展，逐渐将化学事故、爆炸、危险品泄漏的处置及交通事故救援等列入消防队的救援范围。

日本在 1947 年制定的《消防组织法》和《消防法》中明确规定各地消防队伍实施救援工作，并有组建消防救援队伍的规定和装备配备标准，目前已发展成为特别救助队、水难救助队、山岳救助队、化学救助队等专业救援队伍。

法国在 20 世纪 80 年代，即前苏联切尔诺贝利核电站发生事故后，就开始筹建以抗御核事故、化学事故等现代特殊灾害事故为目标的特勤队伍。尤其是日本东京地铁“沙林”事件发生之后，法国应邀派专家前往现场，并在总结该事故处置经验的基础上，修改了本国的有关计划，调整了队伍和装备结构，添置了大量特种装备。

其他如俄罗斯、马来西亚、韩国等国家也都相继成立了专业特勤队伍，并将消防局改为消防救援局，调整了防范计划，增配了特种装备。

【小资料】

《国务院关于全面加强应急管理工作的意见》

第四条　健全应急管理法律法规。要加强应急管理的法制建设，逐步形成规范各类突发公共事件预防和处置工作的法律体系。抓紧做好突发事件应对法的立法准备工作和公布后的贯彻实施工作，研究制定配套法规和政策措施。国务院各有关部门要根据预防和处置自然灾害、事故灾难、公共卫生事件、社会安全事件等各类突发公共事件的需要，抓紧做好有关法律法规草案和修订草案的起草工作，以及有关规章、标准的修订工作。各地区要依据有关法律、行政法规，结合实际制定并完善应急管理的地方性法规和规章。

第三节　单位建立专职消防队

【相关法条】

第三十九条　下列单位应当建立单位专职消防队，承担本单位的火灾扑救工作：

（一）大型核设施单位、大型发电厂、民用机场、主要港口；

（二）生产、储存易燃易爆危险品的大型企业；

（三）储备可燃的重要物资的大型仓库、基地；

（四）第一项、第二项、第三项规定以外的火灾危险性较大、距离公安消防队较远的其他大型企业；

（五）距离公安消防队较远、被列为全国重点文物保护单位的古建筑群的管理单位。

第四十条　专职消防队的建立，应当符合国家有关规定，并报当地公安机关消防机构验收。

专职消防队的队员依法享受社会保险和福利待遇。

【法条详解】

第三十九条是关于应当建立专职消防队的企业、事业单位范围及其专职消防队任务的规定。

第四十条是关于专职消防队伍必须按照国家规定的标准建设并通过公安消防机构验收以及专职消防队员依法享受待遇的规定。

问题 1：什么是单位专职消防队？

答：单位专职消防队由机关、团体、企业、事业单位投资建立，主要担负本单位的消防保卫任务，是保障所在单位消防安全的专业队伍和骨干力量，又是公安消防队的重要协同力量。

专职消防队的行政经费和营房设施，消防器材、装备，以及其他日常所需经费，由建队单位负责建设，保障专职消防队人员实行本单位工资奖金制度，享受本单位生产一线职工同等福利保险待遇。

从20世纪50年代起，我国就在一些企业、事业单位中先后建立了专职消防队。长期以来，这支队伍在各企业、事业单位和所在地区的消防保卫工作中发挥了重要作用。

问题2：哪些单位应当建立专职消防队？

答：应当建立专职消防队的单位，大多属于关系到国民经济命脉的交通、能源产业和政治经济影响较大的单位。这些单位规模大，工艺流程复杂、技术含量高，火灾等灾害事故危险性大，一旦发生事故，易造成重大经济损失、人员伤亡。因此，在这些单位建立专职消防队，经常深入生产班组检查、了解火灾隐患，一旦发生火灾能够及时扑救，可以将火灾损失降低到最低限度。

应当建立专职消防队的单位包括五类：

1. 大型核设施单位、大型发电厂、民用机场、主要港口

（1）核设施，包括核动力厂和其他反应堆（研究堆、实验堆、临界装置）；核燃料生产、加工、储存和后处理设施；放射性房屋的处理和处置等。拥有大型上述设施的运营单位，应建立专职消防队，负责本单位的火灾扑救。

（2）大型发电厂，按照《国务院办公厅关于开展重大基础设施安全隐患排查工作的通知》（国办发〔2007〕58号）规定的“重要电力设施”的标准判断，即火力发电厂装机单机容量30万千瓦以上或规划容量80万千瓦以上的，水电站装机容量30万千瓦以上或水库总容积1亿立方米以上。

（3）民用机场，是指专供民用航空器起飞、降落、滑行、停放以及进行其他活动使用的划定区域，包括附属的建筑物、装置和设施，但不包括临时机场。

（4）主要港口，是指地理位置重要、吞吐量大、对经济发展影响较大的港口。

2. 生产、储存易燃易爆危险品的大型企业

根据《危险化学品安全管理条例》的有关规定，易燃易爆危险品主要包括爆炸品、压缩气体和液化气体、易燃液体、易燃固体、自燃品和遇湿易燃物品等。该类场所具有较大的火灾风险，一旦发生火灾事故或灾害事故，极易演变成重特大火灾和灾害事故，危害大且难以扑救和处置。

3. 储备可燃的重要物资的大型仓库、基地

主要指储存粮食、棉花、石油、煤炭、药品等具有可燃性的重要物资的大型仓库、基地。该类场所一旦发生火灾事故或灾害事故，危害大且难以扑救和处置。

4. 除前三类以外的火灾危险性较大、距离公安消防队较远的其他大型企业

该类企业主要指纺织、造纸、烟草、集贸市场等生产、经营易燃易爆物品，人员聚集、火灾危险性大的企业单位，且可能距离公安消防队较远，不在公安消防队辖区最大保护面积 15 平方公里的范围内，公安消防队不能在接到指令后 5 分钟内到达，发生火灾难以得到及时的扑救。

5. 距离公安消防队较远、被列为全国重点文物保护单位的古建筑群的管理单位

“古建筑群”是指在某一地域比较集中的若干古建筑。同时，该“古建筑群”还必须列入全国重点文物保护单位。此类单位多在城市边缘，建筑结构多为木结构、砖木结构，火灾危险性较大，一

旦发生火灾，周围可以利用的人力、物力和资源严重不足，极易造成难以挽回的损失。

问题 3：单位专职消防队的主要任务有哪些？

答：根据目前公安部的有关规定，单位专职消防队的主要任务有以下几点：

1. 建立防火责任制，具体承担本单位的防火安全检查工作，督促整改火险隐患，建立防火档案。

2. 在本单位开展消防宣传活动，普及消防知识，推动消防安全制度的贯彻落实，并负责训练本单位的义务消防队。

3. 新建、扩建、改建工程施工时，应向单位领导和有关部门提出改进消防安全措施的意见和建议。

4. 定期向主管领导和公安消防机构汇报消防工作，违反消防法规的行为及时提出纠正和处理意见，向本单位领导或当地公安消防机构报告。

5. 参照《公安消防部队执勤战斗条令》和《公安消防部队执勤业务训练大纲》的要求，加强灭火战术、技术训练，不断提高业务素质和灭火作战能力。

6. 针对本单位的重点保卫部位，制定事故处置预案，进行实地演练。

7. 做好专职消防队的日常管理教育工作，强化纪律观念，养成良好的作风，提高快速反应能力。

8. 随时做好灭火战斗准备，一旦发现火灾等灾害事故，立即施救，及时抢救人员和物资。当接到公安消防机构的外出灭火调令时，迅速出动，听从火场指挥员的统一指挥。

问题4：建立专职消防队需满足哪些条件和要求？

答：政府和单位专职消防队应当按照《城市消防站建设标准(修订)》《中华人民共和国城乡规划法》，科学规划，合理选址，筹措资金，征地建设，注重构成，健全功能，配备人员，切实做好消防队的建设。

《企业、事业单位专职消防队组织条例》对专职消防队的领导体制、编制、经费，与公安消防机构的关系及建队原则、火灾预防、执勤备战、消防人员的条件、工资福利等问题，作了明确规定。

单位专职消防队由单位的法定代表人或单位负责人领导，日常工作由本单位保卫或安全技术部门管理，在业务上接受当地公安消防机构的指导；专职消防队人员和消防车辆装备的配备，应参照公安消防队的建队标准，并结合保卫对象确定；本单位设置两个以上专职消防队、人数在一百人左右的，可以成立专职消防大队，设置五个以上专职消防队、人数在二百人左右的，可以成立专职消防支队；专职消防队队员也应当符合规定的条件。

专职消防队的执勤人员，由执勤队长、战斗员、驾驶员和电话员组成。执勤队长由队长、指导员轮流担任。每辆水罐消防车或泡沫消防车，执勤战斗员不少于五名；每辆轻便消防车，执勤战斗员不少于三名；特殊消防车（艇）的执勤战斗员根据需要配备。

在专职消防队建设完成后，要按程序报当地公安消防机构，依据《城市消防站建设标准（修订）》对消防站项目构成与功能、营房设施、车辆配备、器材配备、人员编配、训练场地和器材等进行全面的验收，并对管理制度、队员条件、经费保障等建设质量方面是否符合公安部等五部委《关于加强多种形式消防队发展的意见》的规定，一并进行检查验收，保证其战斗力。经验收合格，能够满足专职消防队执勤需要和工作生活基本条件的，正式投入执勤。

问题 5：专职消防队的队员享有哪些待遇？

答：按照《企业、事业单位专职消防队组织条例》规定，专职消防队人员实行本单位工资奖金制度，享受本单位职工同等保险福利待遇。

2006 年 9 月，公安部等五部委《关于加强多种形式消防队伍建设发展的意见》要求认真落实多种形式消防队伍的人员保障，明确提出："地方人民政府要根据消防工作需要，编配政府专职消防队的消防人员，切实保障他们的合法权益。要按照国家有关规定落实政府专职消防队员的工资、社会保险和福利；落实义务、志愿消防队员的经济补助。"

另外，政府及单位应该按照《劳动合同法》及其他劳动和社会保障制度，认真落实专职消防队员的社会保险和福利待遇，使专职消防队员获得与其工作性质、劳动强度相适应的工资、福利待遇，确保消防队伍的稳定和健康发展，保证专职消防队员的合法权益。

【小资料】

《中华人民共和国合同法》

第十七条　要约可以撤回。撤回要约的通知应当在要约到达受要约人之前或者与要约同时到达受要约人。

《公安消防岗位资格制度规定》

第十一条　铁路、交通、民航、林业公安消防机构和新疆生产建设兵团公安消防机构在消防监督执法岗位和灭火救援指挥岗位工作的人员，政府专职消防队、单位专职消防队在消防安全检查和灭火救援指挥岗位工作的人员，参照本规定执行。

从事消防监督工作的公安派出所民警、公安消防机构的文职聘用人员，可以依照本规定报考公安消防岗位资格。

第四节　群众性消防组织

【相关法条】

第四十一条　机关、团体、企业、事业等单位以及村民委员会、居民委员会根据需要，建立志愿消防队等多种形式的消防组织，开展群众性自防自救工作。

第四十二条　公安机关消防机构应当对专职消防队、志愿消防队等消防组织进行业务指导；根据扑救火灾的需要，可以调动指挥专职消防队参加火灾扑救工作。

【法条详解】

本条是关于社会各单位及基层群众性自治组织建立消防组织、

开展群众性自防自救工作的规定。

本条所规定的消防组织是指机关、团体、企业、事业单位以及村民委员会、居民委员会根据本单位、本地区自防自救的需要，针对保卫对象灭火救援的需要配备灭火器材装备，由职工或者村民、居民组成，主要承担本地区、本单位火灾预防、灭火救援的民间消防组织。

问题1：义务消防队与志愿消防队有区别吗？

答：本条是在1998年《消防法》第三十条的基础上修改而成的，其中最大的变动就是将“义务消防队”修改为“志愿消防队”。

我国的消防队伍是由公安消防队、专职消防队和志愿消防队所组成的，其中，志愿消防队是一支群众性的、不脱产的、遍布城乡的重要消防基础力量。志愿消防队是我国志愿者队伍中的一支重要的专业队伍，在四川汶川地震中，志愿者队伍发挥了不可忽视的作用。在北京奥运会中，志愿者的表现更是受到了各方面的一致好评。因此，此次修改《消防法》，大家就义务消防队改称志愿消防队有普遍的共识。

严格来讲，义务消防队与志愿消防队是有区别的，主要表现在：

1. 义务是强制性的，无选择性，义务消防队强调义务本位；志愿是一种愿意达成某种意思的倾向，志愿消防队强调自愿选择的意志。

2. 义务消防队不进行注册登记，而作为专业志愿组织的志愿消防队要履行一定的登记手续。

3. 义务消防队讲究无条件地提供消防服务和灭火救援，而志愿消防队并不特别强调服务的无偿性，不排除在有些情况下，对志愿者支付一定的费用。

问题2：什么是群众性消防组织？

答：群众性消防组织是指机关、团体、企业、事业单位以及村民委员会、居民委员会根据本单位、本地区自防自救的需要，针对保卫对象灭火救援的需要配备灭火器材装备，由职工或者村民、居民组成，主要承担本地区、本单位火灾预防、灭火救援的民间消防组织。

问题 3：哪些单位需要建立群众性消防组织？

答：群众性消防组织根据本单位、本地区的需要，主要是火灾自防自救的需要建立。一般来说，如果当地公安消防队力量不足或者没有公安消防队，而本单位又不属于应当建立专职消防队的单位，为了预防和扑救火灾，依靠群众自救是一项基本措施。

根据实际情况看，城镇的居民密集区、公众聚集区、商业繁华区、高层建筑和地下建筑等场所，广大农村以及其他发生火灾可能性较大及一旦发生火灾可能造成较大人员伤亡或者财产损失的单位，都有建立群众性消防组织的需要。

问题 4：群众性消防组织的职责是什么？志愿消防组织的职责有哪些？

答：群众性消防组织主要负责本单位、本区域的自防自救工作，主要包括消防安全教育、培训，防火巡查、检查，消防值班，消防设施、器材维护管理，火灾隐患整改，用火用电安全，易燃易爆危险物品和场所防爆，燃气和电气线路的检查和管理，以及其他必要的消防安全工作。

志愿消防队还应当定期开展教育训练，熟练掌握防火、灭火知识和消防器材的使用方法，做到能进行防火检查、扑救火灾和协助公安消防队、专职消防队扑救火灾。

近些年来，城镇密集区和工厂企业火灾事故不断发生，其中不少由于自救能力弱，失去了扑救初期火灾的有利时机，导致小火酿成大灾。

【小案例】

深圳市龙岗区舞王俱乐部火灾事故

2008 年 9 月 20 日，深圳市龙岗区舞王俱乐部发生特别重大火灾事故，造成 44 人死亡，64 人受伤，直接财产损失 271 245 元。这起火灾导致了大量人员伤亡，造成了恶劣的社会影响。群众性消防组织形同虚设、单位初期火灾扑救不力、员工没有且不会引导逃生自救，是造成短短 30 分钟的火灾却造成重大人员伤亡的主要原因。

【小资料】

《机关、团体、企业、事业单位消防安全管理规定》

第二十三条　单位应当根据消防法规的有关规定，建立专职消防队、义务消防队，配备相应的消防装备、器材，并组织开展消防业务学习和灭火技能训练，提高预防和扑救火灾的能力。

《公安消防部队执勤战斗条令》

第五十四条　公安消防支（大、中）队独立作战时，通常由本级指挥员指挥。

两个以上公安消防支（大、中）队协同作战时，上级指挥员到达现场前，实施属地指挥；上级指挥员到达现场后，应当实施直接指挥或者授权指挥。

公安消防部队和其他消防队伍共同执行灭火与应急救援任务时，由公安消防部队实施统一指挥。

第五十五条　对于灾害事故规模大、参战力量多、作战时间长、现场情况危险复杂、灭火与应急救援难度大的灾害事故现场，公安消防部队应当及时成立现场作战指挥部，统一指挥灭火与应急救援行动。

当发生重大、特别重大灾害事故，需要调动多方面力量协同作战时，公安消防部队现场最高指挥员及相关人员应当参加由地方政府和公安机关以及相关部门领导组成的灭火与应急救援总指挥部。公安消防部队应当适时建立现场作战指挥部，具体负责现场的指挥工作。

问题5：公安机关消防机构与专职消防队、志愿消防队是什么关系？

答：《消防法》第四十二条规定："公安机关消防机构应当对专职消防队、志愿消防队等消防组织进行业务指导；根据扑救火灾的需要，可以调动指挥专职消防队参加火灾扑救工作。"

应当注意掌握以下几点：

1. 本条中的"专职消防队"，包括由人民政府组织的专职消防队，也包括由单位组织建立的专职消防队。

2. 公安机关消防机构调动指挥专职消防队参加火灾扑救工作，必须基于扑救火灾的需要，如果有专门的公安消防队扑救火灾，而且完全能够独自完成任务，就没有必要调动指挥专职消防队，更不能在有公安消防队而不使用的情况下，调动指挥专职消防队灭火。

3. 公安机关消防机构只可以调动指挥专职消防队参加火灾扑救工作，不能调动指挥志愿消防队。

4. 公安消防机构有指挥调动专职消防队的权利，专职消防队有服从公安消防机构指挥调动的义务。调动专职消防队扑救火灾，包括在公安消防队未到达火场前，先调动起火单位邻近的专职消防队；扑救重特大火灾时调动专职消防队协同灭火；扑救特种火灾时调动有该方面专业特长的专职消防队等情况。不管哪种形式的专职消防队，都必须服从当地公安消防机构统一调动指挥，有关单位和个人不得以种种理由不服从调动指挥，而贻误灭火时机。

第四章　灭火救援

第一节　报警与自救

【相关法条】

第四十四条　任何人发现火灾都应当立即报警。任何单位、个人都应当无偿为报警提供便利，不得阻拦报警。严禁谎报火警。

人员密集场所发生火灾，该场所的现场工作人员应当立即组织、引导在场人员疏散。

任何单位发生火灾，必须立即组织力量扑救。邻近单位应当给予支援。

消防队接到火警，必须立即赶赴火灾现场，救助遇险人员，排除险情，扑灭火灾。

【法条详解】

本条主要内容有：1. 任何人都有报告火警的义务；2. 任何单位和个人都要无偿为报告火警提供便利；3. 任何人不得阻拦他人报告火警；4. 不得谎报火警；5. 人员密集场所发生火灾时，现场工作人员的义务；6. 发生火灾时单位及其邻近单位的救援、支援义务。

问题 1：火灾发生时是否应当报警？

答：火灾发生时，必须报警，看到火灾不报警是违法行为。

本条第一款规定：“任何人发现火灾都应当立即报警。”这里的“任何人”是指所有看到火灾发生的人。每个发现火灾的人都有报告火警的义务，不论火灾的发生是否与其有直接关系。

2000 年 12 月 25 日，河南省洛阳市东都商厦发生火灾，死亡 309 人；2007 年 10 月 21 日，福建省莆田市飞达鞋面厂发生火灾，死亡 37 人；2013 年 6 月 3 日，吉林宝源丰禽业有限公司发生火灾，死亡 120 人；2013 年 7 月 1 日，山西省棉麻公司侯马采供站发生火灾，导致 2.46 万吨棉花全部烧毁；2014 年 1 月 11 日，云南迪庆杜克宗古城发生火灾，烧毁房屋 242 栋，造成经济损失 1 亿多元人民币。火灾的后果和危害性十分严重，一旦发生火灾，往往会造成人员伤亡或者国家财产的巨大损失。所以，火灾发生时任何人都有报告火警的义务，以便消防人员能够在最短的时间内了解火情，以最快的速度扑灭火灾，从而尽可能地减少火灾中的人员伤亡和经济损失。

问题 2：如何报告火警？

答：公民在报告火警时要沉着镇静，在表述过程中应当注意说明以下几个方面的内容：

1. 应讲清起火地点、起火单位名称，以便消防人员能够迅速到达火场。如果讲不清具体的单位名称或位置，就应讲清起火处附近的标志性建筑、道路标志等。

2. 为了使消防人员有针对性地准备灭火救援装备，报警人员还应当尽可能多地说明与火灾相关的情况，如有无人员被困、火灾中燃烧物的性质、有无爆炸和毒气泄漏、火势情况等。

3. 报警时应说明自己的姓名、电话号码等，冷静地回答“119”通信人员的提问。报警完毕后，应到路口迎接消防车辆，以最快速度把消防车带到火灾现场。

问题3：能否因相信自己能灭火而延误报警？

答：不能。本条第一款规定："任何人发现火灾都应当立即报警。"这里的"立即报警"是指立即直接地或运用最有效、最便捷的通信、交通工具向公安机关消防机构或者有关部门报告。这种时效性要求是目前世界各国消防法律规定的通例，我国也不例外。

按照国家规定，企业、单位的各种建筑物中都配备有消防灭火装备，很多大型的厂矿、企业也都有自己的义务消防员。火灾发生时，第一时间自救是正确的，但不能因此而延误报警时间。

【小案例】

公司自行救火，未及时报警

某物流公司当值安全员王某巡逻时，突然发现公司仓库有浓烟从窗户向外冒出，王某敏锐地意识到仓库已发生火警，立即用手机通知值班经理，同时快速冲向宿舍提取灭火器赶赴事发现场。值班经理在得到火警信息后，第一时间启动警铃，并用对讲机通知各岗位，5 分钟后，各班组人员按照管理处《义务消防队作战方案》相关流程执行，在值班经理指挥下，全面展开灭火救援工作，在各班组通力协作下于 45 分后才将火源扑灭。

上述案例当中，该物流公司在发现火灾后立即组织扑救是对的，但是其没有在第一时间内报警，违反了《消防法》第四十四条第一款的规定。事实上，这样做的风险很大：一是即使将火灾扑灭，公司投入大量的人力物力不说，如果方法不当，速度太慢，将会加大损失；二是若不能及时将火扑灭，此时拨打“119”，延误了最佳灭火时间，消防部门将会追究物流公司管理不当的责任。

问题 4：什么是谎报火警？

答：谎报火警，是指故意编造火灾情况或明知是虚假的火灾信息却向公安机关或公安机关消防机构报告的行为。

谎报火警会制造不必要的混乱，浪费国家消防资源，造成不必要的损失。严重的也有可能引起社会治安的混乱，造成人们恐慌，危害社会安全。所以，谎报火警无论是主观故意还是过失，都是法律严厉禁止的行为。

问题 5：谎报火警会承担何种法律后果？

答：根据《消防法》第六十二条的规定，谎报火警行为依照《社会治安管理处罚法》的规定进行处罚。

另外，《社会治安管理处罚法》第二十五条第一款规定，散布谣言，谎报险情、疫情、警情或者以其他方法故意扰乱公共秩序的，处5日以上10日以下拘留，可以并处500元以下罚金；情节较轻的，处5日以下拘留或者500元以下罚款。

【小案例】

居民酒后谎报火警

2014年2月12日晚8时许，河南省信阳市公安消防支队指挥中心接到一名男子报警称羊山新区市行政中心着火。接警后，信阳公安消防支队立即调度浉河区、平桥区2支消防部队共4辆消防车、38名消防官兵赶赴现场扑救。但消防人员到达报警现场后，发现该处并没有任何着火迹象。消防人员再次询问报警人，并协调公安机关对此介入调查。后经信阳市浉河区公安分局对此立案侦查，最终确认该事件是一起谎报火警案件。报警人员沈某，是临时租住在市区某小区的居民，因当晚酒后心情不好而拨打119谎报火警。依据《中华人民共和国治安管理处罚法》，公安机关对沈某给予行政拘留10日的处罚。

事后，河南省信阳市消防支队宣传科参谋黄晓云介绍，谎报火警会造成消防警力资源浪费，尤其是在春节火灾多发时期，甚至会耽误正常火警的处置。

【小资料】

《中华人民共和国治安管理处罚法》

第二十五条　有下列行为之一的，处五日以上十日以下拘留，可以并处五百元以下罚款；情节较轻的，处五日以下拘留或者五百元以下罚款：

（一）散布谣言，谎报险情、疫情、警情或者以其他方法故意扰乱公共秩序的；

（二）投放虚假的爆炸性、毒害性、放射性、腐蚀性物质或者传染病病原体等危险物质扰乱公共秩序的；

（三）扬言实施防火、爆炸、投放危险物质扰乱公共秩序的。

问题6：人员密集场所应如何组织、引导在场人员疏散？

答：单位办公场所、生产车间等人员密集场所发生火灾，往往会造成重大的人员伤亡，因此，应采取有效的疏散措施，以减少人员伤亡。

1. 做好组织疏散工作。在平时，有关单位就应和消防部门进行研究，制定抢救疏散方案，提出在火灾情况下稳定人员情绪的措施，规定疏散路线和疏散出口，并画出疏散人员示意图。应按不同区域，对工作人员提出任务和要求。一旦发生火灾，应按计划组织疏散。火场上受火势威胁的人员，必须服从工作人员和消防队指挥员的指挥，使火场人员有组织、有秩序地进行疏散。

2. 正确通报，防止混乱。在人员密集场所火灾初期阶段，当人们还不知道发生火灾，且人员多、疏散条件差、火势发展比较慢的情况下，失火单位领导和工作人员，应首先通知处于出口附近或最不利区域人员，让他们先疏散出去，然后视情况公开通报告诉其他人员疏散。在火势猛烈，并且疏散条件较好时，可同时公开通报，让人员疏散。在火场上，具体怎样通报，可根据火场具体情况确定，但必须保证迅速简便，使各种疏散通道得到及时充分利用，防止发生混乱，迅速组织好疏散工作。

3. 正确引导，消除恐慌。人员密集场所发生火灾，由于人们急于逃生的心理作用，起火后可能一起拥向有明显标志的出口，造成拥堵混乱。此时，单位领导和工作人员要设法疏散引导，为人们指明各种疏散通道，同时要以镇定的语气不断呼喊，劝说人们消除恐慌心理，使人们有条不紊地安全疏散。

4. 制止脱险者重返危险区。对疏散出来的人员，要加强脱险后的管理。由于受灾的人员脱离危险后，随着对自己生命威胁的减少，可能想到火场内还有自己的财产和亲友未脱离危险区域。此时，逃离危险区的人员有可能重返火场内，抢救财物和亲友，这样就可能遇到新的危险，造成疏散的混乱，妨碍救人和灭火。因此，对已疏散到安全区域的人员，要加强管理，禁止他们的危险行动，必要时，应在建筑物内外的关键部位配备警戒人员。

问题7：企业、单位发现火灾报警后，是否可以只待救援，不进行自救？

答：不可以。《消防法》第四十四条第三款规定："任何单位发生火灾，必须立即组织力量扑救。邻近单位应当给予支援。"

火灾初起时，一般火势都不会很大，这是减灾的关键时刻。早发现、早扑救，是控制和减少火灾危害性的重要经验。因此，失火单位发生火灾后，不能只考虑避险，也不能认为自己已经报警就尽到了义务，还必须立即组织力量进行扑救，这是《消防法》明确的义务。

在平时，单位就应和消防部门进行研究，制定灭火预案，包括应急组织机构、单位基本情况、灭火行动方案等，组织预案的实施和演练，建立和保持应急准备状态，在火灾发生时，能及时有效地整合人力、物力、信息等资源，迅速针对火势实施有组织的控制和补救，避免火灾现场的慌乱无序，防止贻误战机和漏管失控，最大限度地减少人员伤亡和财产损失。

另外，如果临近单位、企业发生火灾，也应当对其给予权利支援，这同样也是防止和避免火灾蔓延的必然要求。

问题8：企业消防队接到火灾报警，应当承担什么法定义务？

答：《消防法》第四十四条第四款规定："消防队接到火警，必须立即赶赴火灾现场，救助遇险人员，排除险情，扑灭火灾。”这里的“消防队”既包括公安消防队，也包括企业专职消防队。本条规定，各类消防队承担接警紧急出动义务、现场救人义务、现场排险任务和灭火义务等法定义务。

企业消防队接到火警后，应当履行的义务概括为以下三个方面：

1. 企业专职消防队在接警后应当迅速出动，展开灭火救援行动。企业管理人员应当管理、督促本企业内部消防队在发生火灾时必须履行迅速出警排除险情的基本义务。

2. 在火灾扑救中，应当首先救助遇险人员。企业管理者应当教育本企业专职消防队在灭火救援中遇到有人员受到火势威胁时，要坚持“以人为本”的思想，首先抢救人员，保证人员的生命安全，再保护企业财产免受损失。抢救被困人员应当充分利用建筑物内外的安全出口、疏散楼梯、消防电梯、门窗、避难层等和现场的举高车辆、消防梯等救生器材，防止火场中被困人员挤伤、踩伤或者跳楼。在灭火行动中必须尊重科学，注意安全。

3. 接警后应当确保排除险情、扑灭火灾。企业专职消防队在赶到救援现场以后，应当集中力量控制火势、排除险情。应当与各种消防救援力量密切配合、统一行动。应当迅速、准确地制定灭火救援方案，对现场实施救援。火灾扑救结束后，还应当全面检查现场起火部位和构件，逐件翻移被火烧过的物质，使用专业仪器检测被扑灭的液（气）体储罐浓度，检查下风向有无可燃物质等。要注意彻底清灭余火，防止复燃。在公安消防队员撤离后，企业专职消防队员一般还需要对火场进行监视、清理。

第二节　火场救援

【相关法条】

第四十五条　公安机关消防机构统一组织和指挥火灾现场扑救，应当优先保障遇险人员的生命安全。

火灾现场总指挥根据扑救火灾的需要，有权决定下列事项：

（一）使用各种水源；

（二）截断电力、可燃气体和可燃液体的输送，限制用火用电；

（三）划定警戒区，实行局部交通管制；

（四）利用临近建筑物和有关设施；

（五）为了抢救人员和重要物资，防止火势蔓延，拆除或者破损毗邻火灾现场的建筑物、构筑物或者设施等；

（六）调动供水、供电、供气、通信、医疗救护、交通运输、环境保护等有关单位协助灭火救援。

根据扑救火灾的紧急需要，有关地方人民政府应当组织人员、调集所需物资支援灭火。

【法条详解】

本条主要内容有：1. 火灾扑救现场的指挥权；2. 火灾扑救时应优先遵循的原则；3. 火灾扑救过程中火场总指挥的法定权限。

问题 1：在火灾扑救现场，企业专职消防队是否应当服从公安机关消防机构的统一指挥？

答：是。本条第一款规定："公安机关消防机构统一组织和指挥火灾现场扑救。"由于火灾扑救工作专业性强、时间紧迫，参加的战斗力量多，所以必须由一个权威机构来统一组织和指挥，以便协调各方面扑救力量及时开展火灾救援工作。这个专业机构就是公安机关消防机构。

在火灾救援现场，由公安机关消防机构根据火场情况确定统一、有效的灭火决策和行动方案。企业专职消防队参加灭火救援行动时，应当服从公安机关消防机构的统一指挥，遵循灭火指挥部下达的作战指令，与其他消防力量协同配合实施消防灭火救援行动。

【小资料】

《企业事业单位专职消防队组织条例》

第十四条　专职消防队要随时做好灭火战斗准备，一旦发生火灾要立即扑救，及时抢救人员和物资，并向公安消防监督部门报告。当接到消防监督部门外出灭火调令时，应当迅速出动，听从指挥。

问题 2：企业专职消防队在火灾扑救时应当优先遵循的原则是什么？

答：本条第一款规定，火灾扑救“应当优先保障遇险人员的生命安全”。

在企业火灾扑救中，我们往往面对大量的企业财产物资在火灾中燃烧损失，这时我们应当保持头脑清醒，确立“生命优先，财产第二”的理念，优先保障人员生命安全，再保护和抢救企业的财产、物资。这不仅是法律的规定，也是国际惯例的通常做法，包括企业专职消防队在内的各类消防灭火力量在火灾扑救中都应当遵循，在任何情况下都必须坚决落实。

问题 3：什么是火场总指挥？

答：火场指挥部是火场情报、决策和发布战斗命令的中心，是火灾现场的最高指挥机构。根据《公安消防部队执勤战斗条令》的相关规定，遇有燃烧面积大、参战力量多、灭火时间长等情况复杂的火场，必须设立火场指挥部。火场指挥部应当设在接近火场，便于观察、便于指挥、比较安全的地点，并设立明显标志。火场指挥部统一确定火灾扑救中的灭火决策和行动方案，并根据火情变化随机指挥。企业专职消防队应当服从火场指挥部的统一调度，配合其他消防力量实施火灾救援。

问题 4：在火灾扑救中，企业专职消防队可以在火场总指挥的统一部署下行使什么法定权力?

答： 1. 在火灾扑救过程中，企业专职消防队可以根据火场指挥部的统一指挥，使用各种水源实施灭火救援。灭火用水主要依靠城市公共消防设施“即灭火栓”和消防水池以及江河湖泊的水源。为了就近占据水源，企业专职消防队也可以根据火场总指挥的统一部署要求所有水源单位或个人协助提供火场用水。

2. 在灭火的紧急情况下，可以根据需要及时切断电力、可燃气体和液体的输送，限制用火用电。这是避免火灾扩大和发生新的灾害的重要措施。在灭火行动中，企业专职消防队可以根据情况控制照明电源和电梯电源，但要防止盲目断电影响人员疏散。

3. 在一些大型火灾扑救中，调集车辆多，围观人员多，这时在火场总指挥部的授权下，还可以根据灭火需要实施交通管制，划定警戒区，限制无关人员进入火灾扑救区域。

4. 确有需要时，在火场指挥部的统一部署下，可以拆除毗邻火灾现场的建筑物、构筑物或者设施。在建筑物外部破拆时，应当划出安全警戒区，设置安全警戒哨；在有各种管道设备的建筑物内部破拆时，要避免因管道损坏造成可燃、有毒液体或气体的泄漏；同时也要注意避免影响通信、供电、供气，造成其他灾害事故。

【小资料】

《中华人民共和国道路交通安全法》

第四十条　遇有自然灾害、恶劣气象条件或者重大交通事故等严重影响交通安全的情形，采取其他措施难以保证交通安全时，公安机关交通管理部门可以实行交通管制。

《中华人民共和国治安管理处罚法》

第五十条　有下列行为之一的，处警告或者二百元以下罚款；情节严重的，处五日以上十日以下拘留，可以并处五百元以下罚款：

（1）阻碍执行紧急任务的消防车、救护车、工程抢险车、警车等车辆通行的；

（2）强行冲闯公安机关设置的警戒带、警戒区的。

第三节　火灾以外的应急救援

【相关法条】

第四十六条　公安消防队、专职消防队参加火灾以外的其他重大灾害事故的应急救援工作，由县级以上人民政府统一领导。

【法条详解】

本条主要内容：公安消防队、专职消防队在参加火灾以外其他重大灾害事故应急救援工作时的协同问题。

问题1：什么是“火灾以外的其他重大灾害事故”?

答：“火灾以外的其他重大灾害事故”是指除火灾以外的一切重大灾害和各类重大事故。其中，重大灾害包括地震灾害、水旱灾害、地质灾害、气象灾害、矿窑坍塌造成的灾害、飓风造成的灾害等；各类重大事故包括重大安全生产事故、房屋倒塌造成的事故、车辆翻滚事故、列车出轨事故、爆炸事故、重大环境污染事故、核辐射事故和突发公共卫生事件等。

【小资料】

公安消防部门参加社会抢险救援的任务范围

公安部于2002年发布的《公安部关于进一步加强和规范公安消防部队抢险救援工作的通知》第二条规定公安消防部门参加社会抢险救援的任务范围主要应包括以下几个方面：1. 参与处置化学危险品泄漏事故；2. 参与地震、洪灾、风灾等自然灾害的抢险救援；3. 参与空难、重大交通事故的抢险救援；4. 参加建筑物倒塌事故的抢险救援工作；5. 参加恐怖袭击和破坏性等突发事件的应急救援；6. 参加有关单位和群众遇险求助时的救援救助工作。

问题2：为什么企业专职消防队也要参加火灾以外的其他重大灾害事故的应急救援？

答：1998年《消防法》第三十四条规定“公安消防队参加火灾以外的其他灾害或者事故的抢险救援工作”，2008年新《消防法》第四十六条规定参加火灾以外的其他灾害事故的抢险救援工作由原来的仅限于公安消防队，扩大为公安消防队和专职消防队。这里的专职消防队既包括政府组织建立的专职消防队，也包括企事业单位的专职消防队。

由于专职消防队在执勤、灭火战斗、业务训练上都参照公安消防部队的相关法规、条令，其救援装备也较其他部队和地方人员更加专业，所以专职消防队和公安消防队一样都属于专业的消防力量。在过去特大型灾害事故的救援处置实践中，我们看到专职消防队在抢险救援中与公安消防部队发挥着同样重要的作用，他们以特有的装备、专业的技术知识和迅速反应能力在抢险救援中做出了积极的贡献。鉴于此，新《消防法》的修订中将公安消防队、专职消防队都列为承担重大灾害事故和其他以抢救人员生命为主的应急救援工作主体。

【小资料】

《企业事业单位专职消防队组织条例》

第十二条　专职消防队的执勤、灭火战斗、业务训练，应当参照执行公安部发布的《公安消防队执勤条令》、《公安消防队灭火战斗条令》和《消防战士基本功训练规定》。

第十三条　专职消防队应当加强媚惑战术、技术的训练，对本单位的终点保卫部位必须制定灭火作战方案，进行实地演练，不断提高业务素质和灭火战斗能力。

问题 3：为什么在参加火灾以外的其他重大灾害事故的应急救援时要由人民政府统一领导？

答：《消防法》第四十六条规定：“公安消防队、专职消防队参加火灾以外的其他重大灾害事故的应急救援工作，由县级以上人民政府统一领导。”因为在实际生活中一旦发生重大灾害事故，情况往往非常复杂，抢险救援工作也是千头万绪。这时就需要有统一的领导来协调和调动各方面的力量和装备、设施，有计划、有统筹地组织开展救援工作。这种部署和领导只能由当地人民政府来实施。只有在当地人民政府的领导下，才有可能全局地把握救援工作的步骤方法，也才能将参加抢险救援工作的各单位和部门组织起来，使各方面力量互相配合。这样的领导和协同可以促使抢险救援工作有效进行。因此，本法条规定公安消防队、专职消防队在参加火灾以外的其他重大灾害事故的应急救援工作时应当由县级以上人民政府统一领导。在抢险救援工作中消防人员可以根据自己的经验为人民政府的统一部署提供有效的救援方案，促使救援工作顺利开展、有序进行。

第四节 特别通行权与优先运输权

【相关法条】

第四十七条　消防车、消防艇前往执行火灾扑救或者应急救援任务，在确保安全的前提下，不受行驶速度、行驶路线、行驶方向和指挥信号的限制，其他车辆、船舶以及行人应当让行，不得穿插超越；收费公路、桥梁免收车辆通行费。交通管理指挥人员应当保证消防车、消防艇迅速通行。

赶赴火灾现场或者应急救援现场的消防人员和调集的消防装备、物资，需要铁路、水路或者航空运输的，有关单位应当优先运输。

【法条详解】

本条主要内容：1. 消防车、消防艇执行火灾扑救、应急救援任务时优先通行；2. 消防人员、消防物资优先运输。

问题1：专职消防队的消防车辆、消防艇等装备享受哪些法定的特别通行权？

答：当灾害发生时，救援时间直接决定着人民群众的生命和财产安全，消防人员能否迅速赶赴救援现场，取决于消防车辆和装备的道路通行情况。

本条规定，专职消防队的消防车辆、消防艇等消防装备在前往执行灭火救援任务时，在道路行使上具有特别通行权。特别通行权表现在以下几个方面：

1. 消防车辆、消防艇可以不受行驶速度限制，以安全快捷赶赴救援现场为准。

2. 为尽快赶赴灭火救援现场，可以根据需要任意选择车辆行驶路线和行使方向。在行驶过程中，消防车辆可以在快车道、慢车道、非机动车道、公共汽车专用车道、人行道上行驶而不受其车道标志限制，也可以不受如“不得逆行”“不得右转”“不得掉头”等行驶标志的限制。

3. 消防车辆不受任何交通信号的限制。如遇到红灯时，消防车辆可以不受其限制继续通行。

4. 消防车辆在赶赴救援现场途中，遇到收费公路、桥梁时，享受免收车辆通行费的权利。公安消防部队车辆在通行时已享受军车免费通行权，在此基础上，专职消防队车辆在救援中也享受免费通行的权利。这是因为，停车交费必然会耽误救援时间，会造成人员伤亡增加等严重后果。

5. 交通管理指挥人员应当保证消防车、消防艇迅速通行。目前，城市道路拥堵情况十分严重，当交通指挥人员发现有消防车辆需要通行时，应当立即采取有效措施，优先保证消防车、消防艇的快速通行。

【小资料】

《中华人民共和国道路交通安全法》

第五十三条　警车、消防车、救护车、工程救险车执行紧急任务时，可以使用警报器、标志灯具；在确保安全的前提下，不受行驶路线、行驶方向、行驶速度和信号灯的限制，其他车辆和行人应当让行。

警车、消防车、救护车、工程救险车非执行紧急任务时，不得使用警报器、标志灯具，不享有前款规定的道路优先通行权。

问题 2：消防人员和物资装备在运往救援现场途中，应享有什么优待条件？

答：本条第二款规定："赶赴火灾现场或者应急救援现场的消防人员和调集的消防装备、物资，需要铁路、水路或者航空运输的，有关单位应当优先运输。"这是 2008 年新《消防法》增加的条款，它是对原《消防法》消防人员物资运输的补充。根据本法条规定，铁路、水路或者航空运输部门在抢险救灾中对于调集和运输消防人员、消防装备及物资应当果断采取优先安排装机或装车运输，提供快捷便利的运输条件，确保抢险救援工作中的消防人员、物资能够及时到达救灾现场。

第五节　消防装备器材的使用限制

【相关法条】

第四十八条　消防车、消防艇以及消防器材、装备和设施，不得用于与消防和应急救援工作无关的事项。

【法条详解】

本条主要内容：1. 消防车、消防艇不得用于运输与消防救援工作无关的物品；2. 消防设施、器材不得擅自挪作他用。

问题1：消防车、消防艇是否可以用于运输与消防救援工作无关的物品？

答：不可以。本条规定“消防车辆、消防艇不可以用于与消防救援无关的事项”。

在实际生活中，有些消防人员在消防车暂无任务的闲置期间，萌生利用消防车辆运输企业、单位或个人的其他物品的想法。事实上，无论是否有出警任务，消防车辆都应当处于待命状态，一旦发生紧急情况要确保能够随时拉动。

无论是公安消防部队还是从事专业或志愿消防工作的人员或单位，都不得擅自将消防车、消防艇用于运输其他与消防救援工作无关的物品。公安消防部队的执勤条令中规定，擅自动用消防车辆装备并影响正常消防执勤造成后果的，不仅要追究当事人责任，还要对其严肃处理。

【小案例】

酒店擅自挪用消防设施

2011年6月8日，江西省抚州市临川区公安消防大队接到家住市区瑶坪路的谢先生举报：他所居住的居民楼内的消防水袋被旁边一家酒店擅自挪用。消防人员接到举报后迅速赶往现场。经查看，在谢先生所说的消火栓箱内，消防水袋和水枪确实不见了。旋开消火栓，里面虽然可以出水，但由于没有消防水带和水枪，该消防设施形同虚设。随后，消防人员找到挪用消防水袋的酒店负责人。该酒店负责人承认，是他们挪动了这些消防器材并用于他用。消防人员对其挪用消防器材的行为进行了教育和处罚。经过协商，该酒店负责人表示，将立即归还所有消防设施，并接受处罚。

【小资料】

《高层居民住宅楼防火管理规则》

第十一条　高层住宅楼的居民应当自觉接受街道办事处、居民委员会、房产管理部门、房屋产权单位和供电、燃气经营单位的管理，并遵守下列防火事项：

（九）消防设施、器材不得挪作他用，严防损坏、丢失。

《高层建筑消防管理规则》

第三十四条　消防水泵、消防给水管道、消防水箱和消火栓等设施，不得任意改装或挪作他用。

《机关、团体、企业、事业单位消防安全管理规定》

第七条　单位可以根据需要确定本单位的消防安全管理人。消防安全管理人对单位的消防安全责任人负责，实施和组织落实下列消防安全管理工作：

（五）组织实施对本单位消防设施、灭火器材和消防安全标志的维护保养，确保其完好有效，确保疏散通道和安全出口畅通。

第六节　灭火费用与损耗补偿

【相关法条】

第四十九条　公安消防队、专职消防队扑救火灾、应急救援，不得收取任何费用。

单位专职消防队、志愿消防队参加扑救外单位火灾所损耗的燃料、灭火剂和器材、装备等，由火灾发生地的人民政府给予补偿。

【法条详解】

本条主要内容：1. 公安消防队、专职消防队扑救火灾、应急救援不得收取费用；2. 单位专职消防队、志愿消防队参加扑救外单位火灾的损耗补偿。

问题 1：专职消防队扑救火灾、应急救援为什么不能收取费用？

答：专职消防队是由企业、事业单位出资建立的专业消防队伍，不是营利性的组织，其日常开支和设施配置都是由国家财政及本单位的专项经费提供保障的，扑救火灾和应急救援是专职消防队的法定职责。而且，如果人民群众认为消防队灭火救援是收费的，必然会出现因为考虑费用问题而延误报警的现象，进而造成的损失将会远远大于救援队收取的费用，其后果不堪设想。所以，《消防法》规定在执行火灾扑救和应急救援时，专职消防队应当立即出动并无条件实施救援，不得再向受灾单位或个人收取任何费用。

问题 2：单位专职消防队、志愿消防队参加外单位火灾扑救，其损耗应该怎样补偿？

答：本条第二款规定："单位专职消防队、志愿消防队参加扑救外单位火灾所损耗的燃料、灭火剂和器材、装备等，由火灾发生地的人民政府给予补偿。"

单位专职消防队是由单位自己建立的，志愿消防队是由乡镇人民政府或机关、团体、企业、事业等单位及村民委员会、居民委员会建立的，主要职责是做好本单位、本地区的防灭火工作，其日常训练经费和开支也都是由本单位和本地区居民承担。因此，当专职消防队和志愿消防队参加扑救外单位火灾时，对其器材、装备的损

耗应当给予一定补偿。补偿方式是火灾发生地人民政府给予补偿，补偿内容主要是参加外单位火灾扑救中所损耗的燃料、灭火器、器材、装备等，但一般不包括人工费用。

这样规定是基于鼓励火灾扑救中单位、企业间及时互助的宗旨，通过政府补偿来解除援助单位后顾之忧，鼓励援助单位动用各种力量扑灭火灾，确保火灾扑救及时有效，保护人民群众的生命和财产安全。

第七节　医疗与抚恤

【相关法条】

第五十条　对因参加扑救火灾或者应急救援受伤、致残或者死亡的人员，按照国家有关规定给予医疗、抚恤。

【法条详解】

本条主要内容：对于因扑救火灾或应急救援伤、残、死亡人员的医疗抚恤规定。

问题：参加扑救火灾或者应急救援受伤、致残或死亡的人员，应当怎样给予医疗、抚恤?

答：因参加扑救火灾或者应急救援而受伤、致残或死亡人员的医疗、抚恤，有以下几种情况：

1. 公安消防部队人员，按照《军人抚恤优待条例》办理。

2. 企业、事业专职消防人员，企事业单位按照因公受伤、致残、死亡人员的有关规定进行医疗和抚恤。

非国家职工其医疗、抚恤待遇由引起火灾单位或者所在单位按照国家有关规定办理。起火单位对起火没有责任或确实无力担负的由当地人民政府按照规定办理。在养伤期间或者丧失劳动能力的，由起火单位或者当地人民政府给予生活保障。对于扑救火灾或应急救援中牺牲的人员根据《革命烈士褒扬条例》的规定，应当追认烈士的，由有关部门办理手续和给予抚恤。

【小资料】

《企业事业单位专职消防队组织条例》

第二十一条　专职消防队人员实行本单位工资奖金制度，享受本单位生产职工同等保险福利待遇。离队后，按新的岗位确定待遇。

第二十四条　专职消防队人员在业务训练中、灭火战斗中受伤、致残、死亡，应当按照本单位执行的有关劳动保险或伤亡抚恤规定办理；壮烈牺牲符合《革命烈士褒扬条例》规定的革命烈士条件的，可以按规定的审批手续，申请批准为革命烈士。

第五章　监督检查

第一节　政府消防工作职责

【相关法条】

第五十二条　地方各级人民政府应当落实消防工作责任制，对本级人民政府有关部门履行消防安全职责的情况进行监督检查。

县级以上地方人民政府有关部门应当根据本系统的特点，有针对性地开展消防安全检查，及时督促整改火灾隐患。

【法条详解】

本条主要内容有：1. 地方各级人民政府应当落实消防责任制；2. 地方各级人民政府应当对本级人民政府有关部门履行消防安全职责的情况进行监督检查；3. 县级以上地方人民政府有关部门应当开展消防安全检查，并对整改火灾隐患进行督促。

问题 1：地方各级人民政府为什么要对本级人民政府有关部门履行消防安全职责的情况进行监督检查？

答：履行消防安全职责是预防火灾的必然要。企事业单位和个人是否很好地履行消防安全职责，直接关系到火灾防控的效果，影响着火灾发生率。事实证明，消防安全责任落实得好，火灾发生率就低；消防安全责任制度走形式、走过场，火灾发生率就高。因此，无论机关、企业、团体都要严格落实本单位的消防安全职责。

问题 2：本条中的“县级以上地方人民政府有关部门”具体指哪些部门?

答：本条第二款中的“县级以上地方政府有关部门”，是指省、自治区、直辖市、自治州、县、自治县、市、市辖区人民政府的有关部门，如公安机关、工商部门、环保部门、交通运输部门、建设行政主管部门、产品质量监督部门、文化行政部门等。

问题 3：我国消防安全检查有哪些形式？县级以上地方人民政府有关部门怎样开展消防安全检查?

答：目前，我国消防安全检查主要有以下三种形式：一是地方各级人民政府对有关部门的消防安全检查；二是公安机关消防机构对有关单位的消防监督检查；三是有关部门或者单位的自我检查。这三种检查形式共同构成我国消防安全检查网络，在消除火灾隐患、保护人民生命财产安全方面发挥了重要作用。

本条第二款规定，县级以上地方人民政府有关部门有权对企业、单位进行消防安全检查，并督促企业、单位整改火灾隐患。例如，地方政府文化行政部门可针对本系统剧院、文化展览馆、博物馆等人员密集场所进行消防安全检查，重点检查人员疏散通道是否顺畅、消防设施配备是否齐全等问题，并督促有问题的场所即时整改火灾隐患；地方工商行政管理部门有针对性地检查劳动密集型企业，在安全生产作业、用火用电制度、企业员工宿舍、仓储消防安全等方面重点检查监督；旅游管理部门检查旅游景点使用的建筑防火材料是否安全可靠，人员疏散通道是否通畅等。

【小资料】

《国务院关于进一步加强消防工作的意见》

安全监管、建设、工商、质检等部门要结合各自职责，对发现的火灾隐患依法查处或者移送、通报公安消防等部门处理；教育、民政、铁路、交通、农业、文化、卫生、民航、广电、体育、旅游、文物、人防等部门和单位要建立健全消防安全工作领导机制和责任制，制定消防安全管理办法，定期组织消防安全专项检查，及时排查和整改火灾隐患。

【小资料】

《机关、团体、企业、事业单位消防安全管理规定》

第二章　消防安全责任

第七条　单位可以根据需要确定本单位的消防安全管理人。消防安全管理人对单位的消防安全责任人负责，实施和组织落实下列消防安全管理工作：

（一）拟订年度消防工作计划，组织实施日常消防安全管理工作；

（二）组织制订消防安全制度和保障消防安全的操作规程并检查督促其落实；

（三）拟订消防安全工作的资金投入和组织保障方案；

（四）组织实施防火检查和火灾隐患整改工作；

（五）组织实施对本单位消防设施、灭火器材和消防安全标志的维护保养，确保其完好有效，确保疏散通道和安全出口畅通；

（六）组织管理专职消防队和义务消防队；

（七）在员工中组织开展消防知识、技能的宣传教育和培训，组织灭火和应急疏散预案的实施和演练；

（八）单位消防安全责任人委托的其他消防安全管理工作。

消防安全管理人应当定期向消防安全责任人报告消防安全情况，及时报告涉及消防安全的重大问题。未确定消防安全管理人的单位，前款规定的消防安全管理工作由单位消防安全责任人负责实施。

第二节　公安机关消防机构和公安派出所的消防监督检查职责

【相关法条】

第五十三条　公安机关消防机构应当对机关、团体、企业、事业等单位遵守消防法律、法规的情况依法进行监督检查。公安派出所可以负责日常消防监督检查、开展消防宣传教育，具体办法由国务院公安部门规定。

公安机关消防机构、公安派出所的工作人员进行消防监督检查，应当出示证件。

【法条详解】

本条主要内容有：1. 公安机关消防机构、公安派出所对机关团体、企事业单位遵守消防法律法规的情况依法进行监督检查；2. 公安机关消防机构和公安派出所工作人员应当持证检查。

问题1：公安机关消防机构为什么要进行消防监督检查?

答：因为消防灭火救援的实践告诉我们，很多机关团体、企事业单位发生火灾的重要原因之一就是他们对消防安全工作的重要性认识不足，贯彻落实消防安全责任不够，对已有的火灾隐患整改不得力。特别是当企事业单位的经济利益与消防安全工作发生冲突时，往往趋就于一时的经济利益而忽视消防安全，给以后的生产作业留下了很大隐患。如有的企业在修建厂房时为了最大限度利用空间促使经济利益最大化，忽略了消防安全所需要的应急照明、消防车通道、防火防烟分区、防火间距；有的企业不购置消防工具和设施，或者只购置简单的消防设施作为摆设，对消防设施不维护、不管理，以致在火灾发生的关键时刻没有真正能够发挥灭火作用的消防设施可以利用；有的单位在装修时为了省时省钱，不使用按照法律所规定的耐火或难燃装饰材料等。这些现象在企事业单位并不鲜见，在实践中因为这类原因发生火灾并使火灾扑救难度增大的现象也时有发生，严重损害了人民群众的生命财产安全。

因此，为了更好地贯彻执行《消防法》，做好火灾的预防工作，最大限度地减少和避免火灾发生，《消防法》第五十三条对公安机关消防机构对机关、团体、企业、事业等单位遵守消防法律法规的情况依法进行监督检查作了规定，赋予了公安机关消防机构依法对企事业单位消防安全工作进行监督检查的权力。

问题 2：公安机关消防机构监督检查的形式包括哪些？

答：监督检查的形式即公安机关消防机构依法对企业单位实施消防监督检查的方式。根据《消防监督检查规定》的规定和实践需要，目前公安机关进行消防监督检查的形式主要有以下几种：

1. 对公共聚集场所在使用或者营业前进行消防安全检查

公共聚集场所是指宾馆、饭店、商场、集贸市场、客运车站候车室、客运码头候船厅、民用机场航站楼、体育场馆、会堂以及公共娱乐场所等。该类场所多为人员密集地，一旦发生火灾，容易造成群死群伤的恶性事故。因此，我国《消防法》规定对此类场所实行在投入使用、营业前的消防安全检查制度，依法经公安机关消防机构检查合格后方可投入使用、营业。由此，对公共聚集场所在投入使用、营业前进行的消防安全检查，成为公安机关消防机构实施消防监督检查的一种法定形式。

2. 对单位履行法定消防安全职责情况的监督抽查

公安机关消防机构可以根据本地区火灾规律、特点及当地消防安全的需要，组织对单位的监督抽查。抽查的重点是消防安全重点单位，其中人员密集场所每年至少监督抽查一次。非消防安全重点单位在抽查数量中应当占有一定的抽查比例。

3. 对举报、投诉的消防安全违法行为的检查

投诉、举报是人们向有关部门反映发现的消防违法行为的一种方式。我国《消防监督检查规定》中指出，公安机关消防机构应当按照规定的时限，对举报、投诉的消防安全违法行为进行实地核查与处理。

4. 对大型群众性活动举办前的消防安全检查

大型活动主要指大型焰火晚会、集会、灯会等具有火灾危险的活动。由于此类活动多为群众性活动，活动人员密集，往往具有火灾危险性，因此公安机关消防机构专门将此类活动举办场所的消防安全检查作为一种特殊的消防监督检查形式，并对检查的重点项目做了规定。

5. 根据需要进行的其他形式的消防监督检查

除上述消防监督检查外，公安机关消防机构还可以根据火灾特点和安全工作需要进行其他形式的消防监督检查，如消防安全专项整治活动中的专项检查，针对火灾多发季节的综合性检查，以及根据政府的部署或配合其他职能部门所进行的安全检查。

公安机关消防机构对于不同形式的监督检查结果，可以通过适当方式予以通报或向社会公告。对检查发现的影响公共安全的火灾隐患应当定期公布，以提示公众注意消防安全。

问题 3：“消防安全重点单位”如何界定？

答：我国的《消防法》和《机关、团体、企业、事业单位消防安全管理规定》中明确了消防安全重点单位的范围，这些单位事公安机关消防机构消防监督的重点，同样也是消防监督检查的重点。

所谓“消防安全重点单位”一般是指发生火灾可能性较大以及一旦发生火灾可能造成人身重大伤亡或者财产重大损失的单位，包括：

1. 商场（市场）、宾馆（饭店）、体育场（馆）、会堂、公共娱乐场所等公众聚集场所（以下统称公共聚集场所）：

（1）建筑面积在1 000平方米（含本数，下同）以上且经营可燃商品的商场（商店、市场）。

（2）客房数在50间以上的宾馆（旅店、饭店）。

（3）公共的体育场（馆）、会堂。

（4）建筑面积在200平方米以上的公共娱乐场所（"公共娱乐场所"指公安部《公共娱乐场所消防安全管理规定》第二条所列场所）。

2. 医院、养老院和寄宿制的学校、托儿所、幼儿园：

（1）住院床位在50张以上的医院。

（2）老人住宿床位在50张以上的养老院。

（3）学生住宿床位在100张以上的学校。

（4）幼儿住宿床位在50张以上的托儿所、幼儿园。

3. 国家机关：

（1）县级以上党委、人大、政府、政协。

（2）人民检察院、人民法院。

（3）中央和国务院各部委。

（4）共青团中央、全国总工会、全国妇联的办事机关。

4. 广播电台、电视台和邮政、通信枢纽：

（1）广播电台、电视台。

（2）城镇的邮政、通信枢纽单位。

5. 客运车站、码头、民用机场：

（1）候车厅、候船厅的建筑面积在500平方米以上的客运车站和客运码头。

（2）民用机场。

6. 公共图书馆、展览馆、博物馆、档案馆以及具有火灾危险性的文物保护单位：

（1）建筑面积在 2 000 平方米以上的公共图书馆、展览馆。

（2）公共博物馆、档案馆。

（3）具有火灾危险性的县级以上文物保护单位。

7. 发电厂（站）和电网经营企业。

8. 易燃易爆化学物品的生产、充装、储存、供应、销售单位：

（1）生产易燃易爆化学物品的工厂。

（2）易燃易爆气体和液体的灌装站、调压站。

（3）储存易燃易爆化学物品的专用仓库（堆场、储罐场所）。

（4）营业性汽车加油站、加气站，液化石油气供应站（换气站）。

（5）经营易燃易爆化学物品的化工商店。

9. 服装、制鞋等劳动密集型生产企业、加工企业：

生产车间员工在 100 人以上的服装、鞋帽、玩具等劳动密集型企业。

10. 重要的科研单位。

11. 高层公共建筑、地下铁道、地下观光隧道，粮、棉、木材、百货等物资仓库和堆场，重点工程的施工现场：

（1）高层公共建筑的办公楼（写字楼）、公寓楼等。

（2）城市地下铁道、地下观光隧道等地下公共建筑和城市重要的交通隧道。

（3）国家储备粮库、总储量在 10 000 吨以上的其他粮库。

（4）总储量在 500 吨以上的棉库。

（5）总储量在 10 000 立方米以上的木材堆场。

（6）总储存价值在 1 000 万元以上的可燃物品仓库、堆场。

（7）国家和省级等重点工程的施工现场。

12. 其他发生火灾可能性较大以及一旦发生火灾可能造成人员

重大伤亡或者财产重大损失的单位。

问题 4：公安机关消防机构消防监督检查的对象、内容、方式是什么？

答：公安机关消防机构消防监督检查的对象是“机关、团体、企业、事业等单位”。“机关”指一切国家权力机关、行政机关、司法机关和军事机关；“团体”是指一切社会团体和人民团体；“企业”指各种所有制形式的任何企业。

公安机关消防机构消防监督检查的内容主要包括：检查是否按照有关消防法律、法规的规定落实消防安全责任；是否依法确定了防火责任人；是否建立健全防火制度和规范的防火安全操作规程；消防设施是否健全；消防通道、安全出口是否通畅等。

公安机关消防机构消防监督检查的方式有常规检查、临时抽查两种。当发现火灾隐患时，公安机关消防机构应当进行记录，并由被检查单位防火负责人签字；有重大火灾隐患的，还会下发《火灾隐患整改通知书》或者《停产停业整改通知书》，责令有问题的企事业单位限期整改，在规定期限内公安机关消防机构还会进行复查和验收。

【小资料】

《消防监督检查规定》

第九条　对公众聚集场所投入使用、营业前进行消防安全检查，应当检查下列内容：

（一）建筑物或者场所是否依法通过消防验收合格或者进行竣工验收消防备案抽查合格；依法进行竣工验收消防备案但没有进行备案抽查的建筑物或者场所是否符合消防技术标准；

（二）消防安全制度、灭火和应急疏散预案是否制定；

（三）自动消防系统操作人员是否持证上岗，员工是否经过岗前消防安全培训；

（四）消防设施、器材是否符合消防技术标准并完好有效；

（五）疏散通道、安全出口和消防车通道是否畅通；

（六）室内装修材料是否符合消防技术标准；

（七）外墙门窗上是否设置影响逃生和灭火救援的障碍物。

第十条　对单位履行法定消防安全职责情况的监督抽查，应当根据单位的实际情况检查下列内容：

（一）建筑物或者场所是否依法通过消防验收或者进行竣工验收消防备案，公众聚集场所是否通过投入使用、营业前的消防安全检查；

（二）建筑物或者场所的使用情况是否与消防验收或者进行竣工验收消防备案时确定的使用性质相符；

（三）消防安全制度、灭火和应急疏散预案是否制定；

（四）消防设施、器材和消防安全标志是否定期组织维修保养，是否完好有效；

（五）电器线路、燃气管路是否定期维护保养、检测；

（六）疏散通道、安全出口、消防车通道是否畅通，防火分区是否改变，防火间距是否被占用；

（七）是否组织防火检查、消防演练和员工消防安全教育培训，自动消防系统操作人员是否持证上岗；

（八）生产、储存、经营易燃易爆危险品的场所是否与居住场所设置在同一建筑物内；

（九）生产、储存、经营其他物品的场所与居住场所设置在同一建筑物内的，是否符合消防技术标准；

（十）其他依法需要检查的内容。

对人员密集场所还应当抽查室内装修材料是否符合消防技术标准、外墙门窗上是否设置影响逃生和灭火救援的障碍物。

第十一条　对消防安全重点单位履行法定消防安全职责情况的监督抽查，除检查本规定第十条规定的内容外，还应当检查下列内容：

（一）是否确定消防安全管理人；

（二）是否开展每日防火巡查并建立巡查记录；

（三）是否定期组织消防安全培训和消防演练；

（四）是否建立消防档案、确定消防安全重点部位。

对属于人员密集场所的消防安全重点单位，还应当检查单位灭火和应急疏散预案中承担灭火和组织疏散任务的人员是否确定。

第十二条　在大型群众性活动举办前对活动现场进行消防安全检查，应当重点检查下列内容：

（一）室内活动使用的建筑物（场所）是否依法通过消防验收或者进行竣工验收消防备案，公众聚集场所是否通过使用、营业前的消防安全检查；

（二）临时搭建的建筑物是否符合消防安全要求；

（三）是否制定灭火和应急疏散预案并组织演练；

（四）是否明确消防安全责任分工并确定消防安全管理人员；

（五）活动现场消防设施、器材是否配备齐全并完好有效；

（六）活动现场的疏散通道、安全出口和消防车通道是否畅通；

（七）活动现场的疏散指示标志和应急照明是否符合消防技术标准并完好有效。

问题5：进行消防监督检查时，公安机关消防机构、公安派出所的工作人员为什么要出示证件？

答：进行消防监督检查时，公安机关消防机构、公安派出所的工作人员出示证件是因为：

1. 公安机关消防机构、公安派出所对企事业单位进行消防监督检查是国家法律赋予的职责，为避免检查工作的随意性和不严肃，工作人员应当着制式警服、持证检查，在检查时向企事业单位当事人出示工作证件，以示郑重和规范。

2. 企事业单位当事人可以通过证件了解检查者信息，并对工作人员的检查工作进行监督，如果发生以监督检查为由故意刁难、吃拿卡要或者随意扰乱企事业单位正常生产和工作秩序的现象，被检查者可以根据证件信息进行举报。如举报属实，则会依法追究检查者的责任并给予其行政处分，情节严重的还可以根据刑法追究其刑事法律责任。

【小资料】

《消防监督检查规定》

第十四条　公安消防机构进行消防监督检查时，消防监督检查人员不得少于两人，应当着制式警服，并出示执法身份证件。

第三十六条　公安机关消防机构及其工作人员在消防监督检查中有下列情形的，对直接负责的主管人员和其他直接责任人员应当依法给予处分；构成犯罪的，依法追究刑事责任：

（一）不按规定制作、送达法律文书，不按照本规定履行消防监督检查职责，拒不改正的；

（二）对不符合消防安全条件的公众聚集场所准予消防安全检查合格的；

（三）无故拖延消防安全检查，不在法定期限内履行职责的；

（四）未按照本规定组织开展消防监督抽查的；

（五）发现火灾隐患不及时通知有关单位或者个人整改的；

（六）利用消防监督检查职权为用户指定消防产品的品牌、销售单位或者指定消防技术服务机构、消防设施施工、维修保养单位的；

（七）接受被检查单位、个人财物或者其他不正当利益的；

（八）其他滥用职权、玩忽职守、徇私舞弊的行为。

第三节　临时查封措施

【相关法条】

第五十四条　公安机关消防机构在消防监督检查中发现火灾隐患的，应当通知有关单位或者个人立即采取措施消除隐患；不及时消除隐患可能严重威胁公共安全的，公安机关消防机构应当依照规定对危险部位或者场所采取临时查封措施。

【法条详解】

本条主要内容有：1. 公安机关消防机构在消防检查中发现火灾隐患时通知有关单位立即整改；2. 对不整改火灾隐患并有可能危害公共安全的公安机关消防机构可以采取查封措施。

问题1：什么是“火灾隐患”？

答：本条中的“火灾隐患”，是指有关单位和个人未按照消防安全法律法规所规定的义务去履行其应尽的职责，造成可能引起火灾的情况。例如，在某些人员密集场所使用、存储易燃易爆危险物品，违反消防安全规定，具有重大火灾隐患；某些商场、集贸市场随意堆放易燃物质，并没有禁止吸烟的警示，属于潜在的火灾隐患；某些生产企业电线线路老化，却仍然超负荷运行，随时可能造成电线线路燃烧，明显存在火灾隐患等。

【小资料】

《消防监督检查规定》

第三十八条　具有下列情形之一的，应当确定为火灾隐患：

（一）影响人员安全疏散或者灭火救援行动，不能立即改正的；

（二）消防设施未保持完好有效，影响防火灭火功能的；

（三）擅自改变防火分区，容易导致火势蔓延、扩大的；

（四）在人员密集场所违反消防安全规定，使用、储存易燃易爆危险品，不能立即改正的；

（五）不符合城市消防安全布局要求，影响公共安全的；

（六）其他可能增加火灾实质危险性或者危害性的情形。

重大火灾隐患按照国家有关标准认定。

问题 2：对于不及时消除隐患可能严重威胁公共安全的，公安机关消防机构采取行政强制措施应注意什么？

答：当然，这一行政强制措施的实施是有条件的：第一，公安机关消防机构在消防监督检查中发现火灾隐患的，应当首先通知有关单位或个人进行整改，而不能直接采取临时查封措施；第二，当通知整改后，有关单位或个人若不及时消除隐患，方可对其采取临时查封措施，但必须具备“不及时消除隐患可能严重威胁公共安全”的必要条件；第三，采取临时查封措施时，只能针对存在火灾隐患的场所，而不能对涉及问题的企事业单位一概查封。

问题 3：本法条中公安机关消防机构采取“临时查封”措施的适用条件是什么？

答：本条所称的“对危险部位或者场所采取临时查封措施”，是一种临时性的行政强制措施，而不是行政处罚。采取查封措施的，未经允许，单位不得擅自启用。采取临时查封措施必然会影响到有关场所和部位的正常使用，因此必须慎重，其适用情形只能是“不及时消除隐患可能严重威胁公共安全的”。而且采取临时查封措施在实现消除危险的目的下，要尽可能减少对当事人造成的不利影响。临时查封期限不得超过三十日。临时查封期限届满后，当事人仍未消除火灾隐患的，公安机关消防机构可以再次依法予以临时查封。

【小资料】

《消防监督检查规定》

第二十二条　公安消防机构在消防监督检查中发现火灾隐患，应当通知有关单位或者个人立即采取措施消除；对具有下列情形之一，不及时消除可能严重威胁公共安全的，应当对危险部位或者场所予以临时查封：

（一）疏散通道、安全出口数量不足或者严重堵塞，已不具备安全疏散条件的；

（二）消防建筑设施严重损坏，不再具备防火灭火功能的；

（三）人员密集场所违反消防安全规定，使用、储存易燃易爆危险品的；

（四）公共聚集场所违反消防技术标准，采用易燃、可燃材料装修，可能导致重大人员伤亡的；

（五）其他可能严重威胁公共安全的火灾隐患。

有前款所列情形且情况严重，可能导致重大人员伤亡或者重大财产损失的，应当确定为重大火灾隐患。

问题4：公安机关消防机构采取“临时查封”措施有什么程序要求？

答：在《消防监督检查规定》（公安部第120号令）第二十三条中对于本法条中的“临时查封”措施提出了如下程序性的要求：“临时查封应当由公安机关消防机构负责人组织集体研究决定。决定临时查封的，应当研究确定查封危险部位或者场所的范围、期限和实施方法，并自检查之日起三个工作日内制作、送达临时查封决定书。情况紧急，不当场查封可能严重威胁公共安全的，消防监督检查人员可以在口头报请公安消防机构负责人同意后当场对危险部位或者场所实施临时查封，并在临时查封后二十四小时内有公安机关消防机构负责人组织集体研究，制作、送达临时查封决定书。经集体研究认为不应当采取临时查封措施的，应当立即解除。”

《消防监督检查规定》（公安部第120号令）第二十四条规定，“实施临时查封应当遵守下列规定：（一）实施临时查封时，通知当事人到场，当场告知当事人采取临时查封的理由、依据以及当事人依法享有的权利、救济途径，听取当事人的陈述和申辩；（二）当事人不到场的，邀请见证人到场，由见证人和消防监督检查人员在现场笔录上签名或者盖章；（三）在危险部位或者场所及其有关设施、设备上加贴封条或者采取其他措施，使危险部位或者场所停止生产、经营或者使用；（四）对实施临时查封情况制作现场笔录，必要时可以进行现场照相或者录音录像。实施临时查封后，当事人请求进入被查封的危险部位或者场所整改火灾隐患的，应当允许。但不得在被查封的危险部位或者场所生产、经营或者使用。”

第四节　公安机关消防机构的报告职责

【相关法条】

第五十五条　公安机关消防机构在消防监督检查中发现城乡消防安全布局、公共消防设施不符合消防安全要求，或者发现本地区存在影响公共安全的重大火灾隐患的，应当由公安机关书面报告本级人民政府。

接到报告的人民政府应当及时核实情况，组织或者责成有关部门、单位采取措施，予以整改。

【法条详解】

本条主要内容有：公安机关消防机构在消防检查中发现城乡消防安全布局、公共消防设施不符合消防安全以及重大火灾隐患之后的报告职责和反馈要求。

问题1：什么是“城乡消防安全布局”？

答：本条中的“城乡消防安全布局”，是指为保障城乡建设的安全发展，确保国家、集体和公民个人财产的安全，在城乡总体规划时，根据本地区特点（如气候、地形、风向等）将涉及消防安全的企业（如石油化工企业、天然气充装站等）布局在合理的安全地带。

问题2：公安机关消防机构在消防监督检查时，如发现城乡消防安全布局不符合消防安全要求，为什么由公安机关书面报告本级人民政府？

答：城乡消防安全布局主要建立在城乡规划和建设阶段，因此在建设项目审批时就应当确保“城乡消防安全布局”合理有序。合理的城乡消防安全布局既符合消防工作“预防为主、防控结合”的方针，也有利于提高城市防火和灭火能力，防止和减少火灾危害。

实践中，由于历史原因或者经济发展过程中消防安全意识不足，一些企事业单位的建设布局违反了《消防法》的要求，不符合本地区的城乡消防安全布局，有些甚至还是医院、学校、幼儿园、养老院、地铁站等涉及公共安全的重要场所。这类企事业单位往往因为单位自身条件限制无力解决或整改消防安全隐患，或者其消防安全隐患涉及多个单位和部门，仅依靠公安机关消防机构的力量很难予以排除。公安机关消防机构在其监督检查过程中发现这类问题后，就需要向本级人民政府报告，由政府协调多个管理部门协同解决。涉及城乡消防安全布局问题的企事业单位要及时给予配合，尽快通过搬迁、改造、产业调整等方式消除可能存在的影响公共安全的重大安全隐患。

第五节　公安机关消防机构的执法原则

【相关法条】

第五十六条　公安机关消防机构及其工作人员应当按照法定的职权和程序进行消防设计审核、消防验收和消防安全检查，做到公正、严格、文明、高效。

公安机关消防机构及其工作人员进行消防设计审核、消防验收和消防安全检查等，不得收取费用，不得利用消防设计审核、消防验收和消防安全检查谋取利益。公安机关消防机构及其工作人员不得利用职务为用户、建设单位指定或者变相指定消防产品的品牌、销售单位或者消防技术服务机构、消防设施施工单位。

【法条详解】

本条主要内容有：1. 公安机关消防机构及其工作人员应当遵循的执法原则；2. 公安机关消防机构在执法中被禁止的行为规定。

问题 1：公安机关消防机构及其工作人员进行消防设计审核、消防验收和消防安全检查时，如何做到“公正、严格、文明、高效”？

答：在消防设计审核中，公安机关消防机构对送审的建筑工程消防设计，一般工程应当从登记收图之日起十日内，国家、省级重点建筑工程以及设置建筑自动消防设施的建筑工程应当从登记收图之日起二十日之内，签发《建筑工程消防设计审核意见书》。需要组织专家论证消防设计的工程，可以延长至三十日。在规定的期限不予答复即为同意。

在实施消防验收时，公安机关消防机构在接到建设单位消防验收申请时，应当查验建筑消防设施技术测试报告等消防验收申报材料，材料齐全后应当在十日内按照国家消防技术标准进行消防验收，并在消防验收后七日之内签发《建筑工程消防验收意见书》。

公安机关消防机构不止在时间上高效执法，在程序上也会文明执法，公平公正地对待行政相对人，不论其是国家行政机关或者何种产业的企业、事业单位，公安机关消防机构都会严格按照法律规定的标准和尺度公平对待，严格执法。并且在消防设计审核、消防验收和消防安全检查等任何执法环节，公安机关消防机构都不会收取任何费用。

【小资料】

《建设工程消防监督管理规定》

第五条　公安机关消防机构实施建设工程消防监督管理，应当遵循公正、严格、文明、高效的原则。

第二十八条　公安机关消防机构办理建设工程消防设计审核、消防验收，实行主责承办、技术复核、审验分离和集体会审等制度。

公安机关消防机构实施消防设计审核、消防验收的主责承办人、技术复核人和行政审批人应当依照职责对消防执法质量负责。

第三十条　办理消防设计审核、消防验收、备案抽查的公安机关消防机构工作人员是申请人、利害关系人的近亲属，或者与申请人、利害关系人有其他关系可能影响办理公正的，应当回避。

第三十五条　公安机关消防机构实施建设工程消防监督管理的依据、范围、条件、程序、期限及其需要提交的全部材料的目录和申请书示范文本应当在互联网网站、受理场所、办公场所公示。

消防设计审核、消防验收、备案抽查的结果，除涉及国家秘密、商业秘密和个人隐私的以外，应当予以公开，公众有权查阅。

第四十四条　公安机关消防机构的人员玩忽职守、滥用职权、徇私舞弊，构成犯罪的，依法追究刑事责任。有下列行为之一，尚未构成犯罪的，依照有关规定给予处分：

（一）对不符合法定条件的建设工程出具消防设计审核合格意见、消防验收合格意见或者通过消防设计、竣工验收消防备案抽查的；

（二）对符合法定条件的建设工程消防设计、消防验收的申请或者消防设计、竣工验收的备案、抽查，不予受理、审核、验收或者拖延办理的；

（三）指定或者变相指定设计单位、施工单位、工程监理单位的；

（四）指定或者变相指定消防产品品牌、销售单位或者技术服务机构、消防设施施工单位的；

（五）利用职务接受有关单位或者个人财物的。

问题 2：哪些工程需要进行消防设计审核和消防验收？

答：根据《建设工程消防监督管理规定》第十三条规定，“对具有下列情形之一的人员密集场所，建设单位应当向公安机关消防机构申请消防设计审核，并在建设工程竣工后向出具消防设计审核意见的公安机关消防机构申请消防验收：（一）建筑总面积大于2 万平方米的体育场馆、会堂，公共展览馆、博物馆的展示厅；（二）建筑总面积大于 1.5 万平方米的民用机场航站楼、客运车站候车室、客运码头候船厅；（三）建筑总面积大于 1 万平方米的宾馆、饭店、商场、市场；（四）建筑总面积大于 2 500 平方米的影剧院，公共图书馆的阅览室，营业性室内健身、休闲场馆，医院的门诊楼，大学的教学楼、图书馆、食堂，劳动密集型企业的生产加工车间，寺庙、教堂；（五）建筑总面积大于 1 000 平方米的托儿所、幼儿园的儿童用房，儿童游乐厅等室内儿童活动场所，养老院、福利院，医院、疗养院的病房楼，中小学校的教学楼、图书馆、食堂，学校的集体宿舍，劳动密集型企业的员工集体宿舍；（六）建筑总面积大于 500 平方米的歌舞厅、录像厅、放映厅、卡拉 OK 厅、夜总会、游艺厅、桑拿浴室、网吧、酒吧，具有娱乐功能的餐馆、茶馆、咖啡厅。”

《建设工程消防监督管理规定》第十四条规定，对具有下列情形之一的特殊建设工程，建设单位应当向公安机关消防机构申请消防设计审核，并在建设工程竣工后向出具消防设计审核意见的公安机关消防机构申请消防验收：“（一）设有本规定第十三条所列的人员密集场所的建设工程；（二）国家机关办公楼、电力调度楼、电信楼、邮政楼、防灾指挥调度楼、广播电视楼、档案楼；（三）本条第一项、第二项规定以外的单体建筑面积大于 4 万平方米或者建筑高度超过 50 米的公共建筑；（四）国家标准规定的一类高层住宅建筑；（五）城市轨道交通、隧道工程，大型发电、变配电工程；（六）生产、储存、装卸易燃易爆危险物品的工厂、仓库和专用车站、码头，易燃易爆气体和液体的充装站、供应站、调压站。”

问题 3：本法条所涉及的“消防设计审核”主要包括哪些内容?

答：根据《建筑工程消防监督审核管理规定》，本条所涉及的“消防设计审核”主要内容有：1. 总平面布局和平面布置中涉及消防安全的防火间距、消防车道、消防水源等；2. 建筑的火灾危险性类别和耐火等级；3. 建筑防火防烟分区和建筑构造；4. 安全疏散和消防电梯；5. 消防给水和自动灭火系统；6. 防烟、排烟和通风、空调系统的防火设计；7. 消防电源及其配电；8. 火灾应急照明、应急广播和疏散指示标志；9. 火灾自动报警系统和消防控制室；10. 建筑内部装修的防火设计；11. 建筑灭火器配置；12. 有爆炸危险的甲、乙类厂房的防爆设计；13. 国家工程建设标准中有关消防设计的其他内容。

问题 4：什么是“变向指定”?

答：本法条第二项规定“公安机关消防机构及其工作人员不得利用职务为用户、建设单位指定或者变相指定消防产品的品牌、销售单位或者消防技术服务机构、消防设施施工单位。”其中的“变向指定”是指公安机关消防机构及其工作人员虽然没有明确为用户、建设单位指定消防产品的品牌、销售单位或者消防技术服务机构、消防设施施工单位，但是利用职务便利阻碍用户自由选择使用消防产品、服务；或者对于用户、建设单位自己选择的消防产品的品牌、销售单位或者消防技术服务机构、消防设施施工单位不予认可。

这种“变向指定”会滋生腐败，不利于消防工作的健康发展，损害公安机关消防机构及其工作人员的执法形象，进而还会危害到国家的消防安全，因此是法律明令禁止的行为。

第六节　社会、公民对公安机关消防机构执法的监督

【相关法条】

第五十七条　公安机关消防机构及其工作人员执行职务，应当自觉接受社会和公民的监督。

任何单位和个人都有权对公安机关消防机构及其工作人员在执法中的违法行为进行检举、控告。收到检举、控告的机关，应当按照职责及时查处。

【法条详解】

本条主要内容有：1. 公安机关消防机构及其工作人员的执法行为受社会和公民监督；2. 对公安机关消防机构及其工作人员的执法行为进行监督的方式。

问题 1：单位和个人怎样对公安机关消防机构及其工作人员的执法行为进行监督？

答：单位和个人可以通过多种渠道对公安机关消防机构及其工作人员进行监督，可以对各项工作提出批评、建议和改进的意见，也可以通过社会舆论进行监督，或者通过检举、控告对公安机关消防机构及其工作人员的执法状况进行监督。

问题2：公安机关消防机构应当怎样处理群众的检举、控告？

答：公安机关消防机构对于群众的检举、控告应当及时处理。情况属实的应当依法及时查处，并将处理结果及时告知检举人、控告人。

按照公安部《公安机关内部执法监督工作规定》第十九条的规定，对公安机关消防机构及其工作人员在执法中不合法、不适当的执法活动，应当分别做出如下处理：对错误的处理或者决定予以撤销或者变更；对拒不履行法定职责的，责令其在规定的时限内履行法定职责；违法行为对公民、法人和其他组织造成损害的，依照《国家赔偿法》给予赔偿；因故意或过失造成执法过错的，按照《公安机关人民警察执法过错责任追究规定》追究其执法过错责任。

【小资料】

《中华人民共和国宪法》

第四十一条　中华人民共和国公民对于任何国家机关和国家工作人员，有提出批评和建议的权利；对于任何国家机关和国家工作人员的违法失职行为，有向有关国家机关提出申诉、控告或者检举的权利，但是不得捏造或者歪曲事实进行诬告陷害。

对于公民的申诉、控告或者检举，有关国家机关必须查清事实，负责处理。任何人不得压制和打击报复。

由于国家机关和国家工作人员侵犯公民权利而受到损失的人，有依照法律规定取得赔偿的权利。

《行政处罚法》

第五十四条　行政机关应当建立健全对行政处罚的监督制度。县级以上人民政府应当加强对行政处罚的监督检查。

公民、法人或者其他组织对行政机关做出的行政处罚，有权申诉或者检举；行政机关应当认真审查，发现行政处罚有错误的，应当主动改正。

第六章　法律责任

第一节　对不符合消防设计审核、消防验收和消防安全检查行为的处罚

【相关法条】

第五十八条　违反本法规定，有下列行为之一的，责令停止施工、停止使用或者停产停业，并处三万元以上三十万元以下罚款：

（一）依法应当经公安机关消防机构进行消防设计审核的建设工程，未经依法审核或者审核不合格，擅自施工的；

（二）消防设计经公安机关消防机构依法抽查不合格，不停止施工的；

（三）依法应当进行消防验收的建设工程，未经消防验收或者消防验收不合格，擅自投入使用的；

（四）建设工程投入使用后经公安机关消防机构依法抽查不合格，不停止使用的；

（五）公众聚集场所未经消防安全检查或者经检查不符合消防安全要求，擅自投入使用、营业的。

建设单位未依照本法规定将消防设计文件报公安机关消防机构备案，或者在竣工后未依照本法规定报公安机关消防机构备案的，责令限期改正，处五千元以下罚款。

【法条详解】

本条主要内容：对不符合消防设计审核、消防验收、消防安全检查要求的行为所给予的处罚。

问题：为什么要对于不符合消防设计审核、消防验收和消防安全检查的单位进行处罚？

答：因为建筑物的消防设计具有很强的专业技术性，是建设工程消防安全的源头。目前，对建设工程进行消防设计审核是世界通行的做法，例如美国、英国、日本、德国、俄罗斯等国家，都在实行“建设工程必须经过消防部门审核才可以施工、经消防验收才可以使用”的制度。通过在建筑阶段的严格审核和验收检查，可以消除建筑物的先天性火灾隐患，从而有效抑制重特大火灾事故和群死群伤恶性火灾事故的发生。因此，对于建筑物的消防设计审核、消防验收和消防安全检查，是十分必要的。在这个过程中应当严格把关，对拒不改正的，必要时应当追究其法律责任。

第二节　不按消防技术标准设计、施工行为的处罚

【相关法条】

第五十九条　违反本法规定，有下列行为之一的，责令改正或者停止施工，并处一万元以上十万元以下罚款：

（一）建设单位要求建筑设计单位或者建筑施工企业降低消防技术标准设计、施工的；

（二）建筑设计单位不按照消防技术标准强制性要求进行消防设计的；

（三）建筑施工企业不按照消防设计文件和消防技术标准施工，降低消防施工质量的；

（四）工程监理单位与建设单位或者建筑施工企业串通，弄虚作假，降低消防施工质量的。

【法条详解】

本条主要内容：本条是对于不按消防技术标准设计、施工的行为承担法律责任的规定。

问题：为什么要对不按消防技术标准设计、施工的行为予以处罚？

答：建筑工程的专业设计、施工以及监理，直接关系到整个建筑物的消防安全，关系到防火灭火的成败。

目前，我国建筑工程的消防设计审核、消防验收工作中还存在一些问题，如某些设计单位不严格执行国家消防法律法规和建设工程消防技术标准，造成建筑防火隐患；某些建设单位通过故意减少消防工程投资来减少整个建设工程的投资，追求违法利润；某些施工单位不按照设计图纸和防火施工验收规范施工，擅自改变防火涂料薄厚、防水管管径等。这些人为的、以追求经济利益为目的而不顾建筑工程消防安全的行为，必须通过法律来禁止。

因此，针对这些行为，我国先后出台了很多法律法规予以规范，如《建筑设计防火规范》《火灾自动报警系统设计规范》等。本条是对于不按消防技术标准设计、施工的行为给予处罚的规定，是十分必要的。

第三节　单位违背消防安全职责的法律后果

【相关法条】

第六十条　单位违反本法规定，有下列行为之一的，责令改正，处五千元以上五万元以下罚款：

（一）消防设施、器材或者消防安全标志的配置、设置不符合国家标准、行业标准，或者未保持完好有效的；

（二）损坏、挪用或者擅自拆除、停用消防设施、器材的；

（三）占用、堵塞、封闭疏散通道、安全出口或者其他妨碍安全疏散行为的；

（四）埋压、圈占、遮挡消火栓或者占用防火间距的；

（五）占用、堵塞、封闭消防车通道，妨碍消防车通行的；

（六）人员密集场所在门窗上设置影响逃生和灭火救援的障碍物的；

（七）对火灾隐患经公安机关消防机构通知后不及时采取措施消除的。

个人有前款第二项、第三项、第四项、第五项行为之一的，处警告或者五百元以下罚款。

有本条第一款第三项、第四项、第五项、第六项行为，经责令改正拒不改正的，强制执行，所需费用由违法行为人承担。

【法条详解】

本条主要内容：对于违背消防安全职责的行为所给予的处罚。

问题1：个人违反消防安全义务应承担什么法律责任？

答：个人有本条第一款规定第二项至第五项行为之一的，即损坏、挪用或者擅自拆除、停用消防设施、器材的；占用、堵塞、封闭疏散通道、安全出口或者有其他妨碍安全疏散行为的；埋压、圈占、遮挡消火栓或者占用防火间距的；占用、堵塞、封闭消防车通道，妨碍消防车通行的，处警告或者五百元以下罚款。需要注意的是，对于作为单位工作人员的个人根据单位的指示从事了本款规定

的这些行为的，不能只视为个人的违法行为，而应当对单位进行处罚。

问题 2：怎样理解本条第三款规定？

答：强制执行，是指公安机关消防机构对于具有本法条第一款第三项、第四项、第五项、第六项规定情形的，采取雇人强制拆除违法设施、清理乱堆乱放的物品等强制性手段达到相对人履行相关职责、义务的状态。

这种强制执行活动，必然会产生一定的费用。对于这些费用，由违法行为人，即拒不履行消防安全责任、义务的单位和个人承担。

【小案例】

湖南衡阳衡州大厦火灾事故

2003年11月3日凌晨5时许，湖南省衡阳市衡州大厦因底层经商户用硫黄熏烤“八角”，致使“八角”起火并蔓延至整栋大楼。衡阳消防支队接警后迅速赶赴现场实施灭火救援。经消防官兵全力抢救，大厦住的94户412名居民全部安全疏散，无一伤亡。但是，由于着火大厦西面和南面的消防通道堵塞，防火间距不够，给灭火救援造成很大困难，消防官兵们不得不深入中部区灭火。上午8时40分左右，在没有任何征兆的情况下，大厦3、4两个单元突然坍塌，将几十名消防官兵压在废墟下，最终造成20名消防官兵壮烈牺牲、11名消防官兵负伤的重大伤亡事故。这是新中国成立以来，消防官兵扑救火灾伤亡最惨重的一次火灾事故。

这次事故中，导致消防官兵伤亡的重要原因之一就是消防通道堵塞，这种行为正是本法条第五项所述“占用、堵塞、封闭消防车通道，妨碍消防车通行”的行为。

法条所表述的这类行为在现实中造成的严重后果让人痛心和深思，在生活中，我们不能只追求一时的经济利益而忽略消防安全，企业和单位要杜绝违背消防安全职责的各种违法行为，避免类似事故再次发生。

第四节　易燃易爆危险品的生产、储存、经营

【相关法条】

第六十一条　生产、储存、经营易燃易爆危险品的场所与居住场所设置在同一建筑物内，或者未与居住场所保持安全距离的，责

令停产停业，并处五千元以上五万元以下罚款。

生产、储存、经营其他物品的场所与居住场所设置在同一建筑物内，不符合消防技术标准的，依照前款规定处罚。

【法条详解】

本条主要内容：本法条规定生产、储存、经营易燃易爆危险品和其他物品的场所设置不符合规定的违法行为的法律后果。

问题1：什么是“三合一”场所？

答：“三合一”场所是指住宿与生产、仓储、经营一种或一种以上使用功能混合设置在同一空间内的建筑。该同一建筑空间可以是独立建筑或建筑中的一部分，且住宿与其他使用功能之间未设置有效的防火分隔。

“三合一”场所按照表现形式可分为三类：

1. 成片开发的商场（市场）类“三合一”场所，是指在成片开发的招商城、商业城中，在经营娱乐、加工场所内设有员工集体宿舍的商铺、商业用房。

2. 成线设置的门面房类“三合一”场所，是指在沿城市（城郊）街道两边连片（三户以上）建设的既用于经营、加工、仓储，又有员工集体住宿的商铺。

3. 零星建造的经营、加工、仓储类“三合一”场所，是指沿城市（城郊）街道两边或在民用建筑、住宅小区内零星建造的既用于经营，又有员工集体住宿的场所。

问题2：《消防法》对“三合一”场所是如何规定的？

答：原《消防法》采取“一刀切”的方法解决“三合一”问题，规定：设有车间或者仓库的建筑物内，不得设置员工集体宿舍；已经设置员工集体宿舍的，应当限期加以解决；对于暂时确有

困难的，应当采取必要的消防安全措施，经公安机关消防机构批准后，可以继续使用。

但随着市场经济的发展，又出现了一些新的情况，如商住两用建筑物以及一些储存不属于易燃易爆危险品的仓库与员工宿舍或者其他居住场所，在符合消防技术标准的前提下设置在同一建筑物内的情况。考虑到经济发展和社会情况的变化，不加区分地对“三合一”场所予以禁止显然是不现实的，有的也无必要。

为了使人民群众生产经营活动及日常生活更加方便，同时又有利于做好消防安全工作，2008 年修订通过的新《消防法》对“三合一”场所加以区分，对储存非易燃易爆危险品的仓库与员工宿舍或者其他居住场所在同一建筑空间的“三合一”场所，不采取“一刀切”，但该场所要符合消防技术标准，如员工宿舍、生产车间、仓库要彻底分离，消防安全疏散通道要保持畅通，必须配备必要的消防器材设施等。

【小案例】

“三合一”场所火灾隐患

“三合一”场所历来是消防安全治理的重点和难点，发生火灾的比例一直居高不下。一些企业为了追求经济利益，节省开支，不顾员工的生命财产安全，将企业的生产车间、仓库和员工宿舍混设在同一建筑物内，一旦发生火灾，往往火势猛烈、蔓延迅速，导致群死群伤的恶性事故。

2011 年 7 月 12 日，湖北省武汉市经济技术开发区东荆路一座出租厂房发生火灾，造成 15 人死亡，火灾过火面积 3 450 平方米。该起火建筑，一层作为生产、仓储车间，二层主要作为办公区，局部用作员工宿舍、食堂。

2011 年 4 月 25 日凌晨，北京市大兴区旧宫镇南小街一栋四层楼房发生火灾，死亡 18 人，受伤 24 人（其中重伤 13 人）。该建筑属于违法建设，上两层住人，下两层是服装加工点，属于没有营业执照的非法经营点。该事故属于在违法建筑内非法经营的责任事故。

第五节　涉及消防的违反治安管理行为

【相关法条】

第六十二条　有下列行为之一的，依照《中华人民共和国治安管理处罚法》的规定处罚：

（一）违反有关消防技术标准和管理规定生产、储存、运输、销售、使用、销毁易燃易爆危险品的；

（二）非法携带易燃易爆危险品进入公共场所或者乘坐公共交通工具的；

（三）谎报火警的；

（四）阻碍消防车、消防艇执行任务的；

（五）阻碍公安机关消防机构的工作人员依法执行职务的。

【法条详解】

本条主要内容：本法条规定对于违反治安管理行为中涉及消防的行为如何处罚。

问题 1：为什么本条规定特别强调这五项行为要按照《治安管理处罚法》进行处罚？

答：本条规定的违法行为，既是违反《消防法》、危害消防安全的行为，又是《治安管理处罚法》明确规定的、违反治安管理的行为。

2005 年 8 月 28 日，第十届全国人大常委会第十七次会议通过了《中华人民共和国治安管理处罚法》，该法的部分规定，如第三十条、第二十五条第一项、第五十条第一款第三项，规定了涉及消防安全的违反治安管理的行为。《消防法》为体现法律之间的衔接和统一，又从《消防法》的角度，强调了对这些涉及消防安全的违反治安管理的行为，应当严格依法予以处罚，要求按照《治安管理处罚法》规定的处罚种类和幅度进行处罚。

问题 2：针对本条中的五项行为，《消防法》和《治安管理处罚法》有哪些规定？

答：1. 关于“违反有关消防技术标准和管理规定生产、储存、运输、销售、使用、销毁易燃易爆危险品”的行为

《消防法》第二十三条第一款规定：“生产、储存、运输、销售、使用、销毁易燃易爆危险品，必须执行消防技术标准和管理规定。”

《治安管理处罚法》第三十条规定：“违反国家规定，制造、买卖、储存、运输、邮寄、携带、使用、提供、处置爆炸性、毒害性、放射性、腐蚀性物质或者传染病病原体等危险物质的，处十日以上十五日以下拘留；情节较轻的，处五日以上十日以下拘留。”本项行为属于“违反国家规定，制造、储存、运输、买卖、使用、处置爆炸性等危险物质。”

2. 关于“非法携带易燃易爆危险品进入公共场所或者乘坐公共交通工具”的行为

《消防法》第二十三条第二款规定：“禁止非法携带易燃易爆危险品进入公共场所或者乘坐公共交通工具。”

《治安管理处罚法》第三十条规定：“违反国家规定，制造、买卖、储存、运输、邮寄、携带、使用、提供、处置爆炸性、毒害性、放射性、腐蚀性物质或者传染病病原体等危险物质的，处十日以上十五日以下拘留；情节较轻的，处五日以上十日以下拘留。”本项行为属于“违反国家规定，携带爆炸性等危险物质”。

3. 关于“谎报火警”的行为

“谎报火警”是指故意编造火灾情况或者明知是虚假的火灾信息而向有关单位报告的行为。

《消防法》第四十四条第一款规定，“严禁谎报火警”。

《治安管理处罚法》第二十五条第一项规定，“散布谣言，谎报险情、疫情、警情或者以其他方法故意扰乱公共秩序的”，“处五日以上十日以下拘留，可以并处五百元以下罚款；情节较轻的，处五日以下拘留或者五百元以下罚款”。

4. 关于“阻碍消防车、消防艇执行任务”的行为

“消防车、消防艇”包括公安消防部队、专职消防队、志愿消防队等各类消防组织的消防车、消防艇。“执行任务”主要是指执行灭火救援任务和其他应急救援任务。

《治安管理处罚法》第五十条第一款规定，“阻碍执行紧急任务的消防车、救护车、工程抢险车、警车等车辆通行的”，“处警告或者二百元以下罚款；情节严重的，处五日以上十日以下拘留，可以并处五百元以下罚款”。《治安管理处罚法》第五十条第二款规定，“阻碍人民警察依法执行职务的，从重处罚”。本项行为应当按照第二款“阻碍人民警察依法执行职务的，从重处罚”的规定进行处罚。

5. 关于“阻碍公安机关消防机构的工作人员依法执行职务”

的行为

“阻碍”包括使用暴力、威胁方法尚未构成犯罪或者其他非暴力、威胁方法实施的阻挠、妨碍行为。“公安机关消防机构的工作人员”包括公安机关消防机构执行防火和灭火救援任务的人员。“执行职务”包括依法执行防火、灭火救援等任务。

《治安管理处罚法》第五十条第一款规定，“阻碍国家机关工作人员依法执行职务的”，“处警告或者二百元以下罚款；情节严重的，处五日以上十日以下拘留，可以并处五百元以下罚款”。《治安管理处罚法》第五十条第二款规定，“阻碍人民警察依法执行职务的，从重处罚”。本项行为应当按照第二款“阻碍人民警察依法执行职务的，从重处罚”的规定进行处罚。

第六节　违反“特定危险场所”消防管理规定行为的处罚

【相关法条】

第六十三条　违反本法规定，有下列行为之一的，处警告或者五百元以下罚款；情节严重的，处五日以下拘留：

（一）违反消防安全规定进入生产、储存易燃易爆危险品场所的；

（二）违反规定使用明火作业或者在具有火灾、爆炸危险的场所吸烟、使用明火的。

【法条详解】

本条主要内容：本法条规定了对于违反特定危险场所消防管理规定的违法行为的法律后果。

问题 1：“违反消防安全规定进入生产、储存易燃易爆危险品场所的”，包括哪些行为？

答：“违反消防安全规定进入生产、储存易燃易爆危险品场所的”的行为包括：违反消防安全规定，未经批准擅自进入禁止或者限制进入的生产、储存易燃易爆危险品的场所的行为；违反消防安全规定，未采取必要的消防安全措施就进入生产、储存易燃易爆危险品的场所的行为，如驾驶未安装防火罩的车辆进入危险物品仓库；携带火种等违禁物品进入生产、储存易燃易爆危险品的场所的行为等。

问题 2：违反消防安全规定进入生产、储存易燃易爆危险品场所为什么要进行处罚？

答：《消防法》第二十三条第二款规定：“进入生产、储存易燃易爆危险品的场所，必须执行消防安全规定。”除此之外，为维护消防安全，防止事故发生，有关法规、规章和一些行业、部门、单位的规定都对进入生产、储存易燃易爆危险品的场所的人员、车辆等应当执行消防安全措施做出了规定。

生产、储存易燃易爆危险品的场所，发生火灾、爆炸等事故的危险大大高于普通场所，这些规定是消防安全的保障，违反这些规定进入生产、储存易燃易爆危险品的场所的行为，对消防安全构成严重的威胁，应当予以处罚。

问题 3：违反规定使用明火作业为什么要进行处罚？

答：因为明火作业是具有很高火灾危险的作业方式，违法进行明火作业和使用明火往往会造成严重的火灾危险，应当予以处罚。

如 2011 年 9 月 1 日，保定市容城两名工人在未取得上岗证的情况下违反规定使用明火作业，被当地消防部门处以行政拘留。鉴于此，《消防法》第二十一条、第六十三条，以及《安全生产法》《机关、团体、企业、事业单位消防安全管理规定》《铁路消防管理办法》等有关法规、规章和一些行业、部门、单位的规定都对明火作业做出了严格的限制，特定的期间、场所禁止明火作业，其他时间、场所使用明火作业要采取保障安全的措施，有些还要求办理审批手续。违反这些规定进行明火作业和使用明火的行为会造成严重的火灾危险，可以按照相关法律予以处罚。

本项规定的违法行为包括：违反法律、法规、规章以及有关部门、行业、单位的规定使用明火作业，包括在禁止使用明火作业的期间、场所使用明火，如使用打火机、火柴等。

这些违法行为的法律后果包括：警告或五百元以下罚款；情节严重的处五日以下拘留。其中是否属于“情节严重”一般由执法机关根据其违法情节具体掌握，一般而言其违法行为造成的火灾危险较大，经劝阻仍不改正等都属于“情节严重”的表现。

【小案例】

违法动火和业，最终导致火灾

2000 年 7 月 2 日，山东青州市潍坊弘润石油化工助剂总厂因未抽堵盲板，违章动火焊接，造成 2 个 500 立方米油罐爆炸起火，10 人死亡，部分操作室及管排、管架烧毁，直接经济损失 200 余万元。

当时，分管生产的副厂长直接安排生产设备部牵头，由机动车间维修班负责焊接安装阀门、管道。当日下午 18 时 45 分，在焊接与 $204^{\#}$ 罐相接的管道时发生爆炸，引发火灾。

事故发生后，地、市、县以及厂消防队及时赶到并对火灾进行扑救，20 时 45 分大火被扑灭。

经调查，该次施工作业由该厂生产副厂长直接安排施工，没有办理一级动火证，也没有通知总工程师、安保部、消防队审查施工方案和进行监督检查。而按制度规定，成品油罐区为“一类禁火区”，要动火必须经安全生产厂长、总工程师批准，安全处室专职安全人员、施工人员签字，办理一级动火证，制定严密的防范措施，有消防、安全、专职人员现场监督，确保不出事故方能动火作业。正因为这些违法动用明火的行为，最终导致了这次火灾的发生。

问题4：在具有火灾、爆炸危险的场所吸烟也会被拘留吗？

答：会。在具有火灾、爆炸危险的场所吸烟，较之在其他公共场所吸烟，会造成更加严重的后果，一旦发生火灾、爆炸，将对人身安全带来重大隐患，对这类行为应予以处罚。本法条规定：违反规定使用明火作业或者在具有火灾、爆炸危险的场所吸烟、使用明火的，可以处以警告或者五百元以下罚款，情节严重的可以处五日以下拘留。如2011年4月，一名中年男子在上海地铁3号线虹口足球场站电缆井内吸烟时被发现，被处以行政拘留3天。据不完全统计，2011年1月至10月，上海共处罚了11起轨道交通设施内抽烟的行为，其中2人被行政拘留，9人被罚款。

【小案例】

重庆两男子旧家具交易市场内吸烟被查

2012年10月22日，重庆渝中区两男子在南纪门旧家具交易市场的负三楼和负四楼内吸烟，被当地消防部门查处。据查，该旧家具交易市场属于一类高层公共建筑，市场内主要经营书桌、衣柜、床等各类旧家具，存在大量易燃、可燃木质家具，一旦发生火灾，将严重危及该建筑内的人员和财产安全，造成严重的损失和恶劣的社会影响。该两名男子因为其抽烟行为被当地消防部门依据本法条第二项规定，处以行政拘留一日的处罚，由民警直接送拘留所执行。

第七节　冒险作业、阻拦报警等诸多行为的法律后果

【相关法条】

第六十四条　违反本法规定，有下列行为之一，尚不构成犯罪的，处十日以上十五日以下拘留，可以并处五百元以下罚款；情节较轻的，处警告或者五百元以下罚款：

（一）指使或者强令他人违反消防安全规定，冒险作业的；

（二）过失引起火灾的；

（三）在火灾发生后阻拦报警，或者负有报告职责的人员不及时报警的；

（四）扰乱火灾现场秩序，或者拒不执行火灾现场指挥员指挥，影响灭火救援的；

（五）故意破坏或者伪造火灾现场的；

（六）擅自拆封或者使用被公安机关消防机构查封的场所、部位的。

【法条详解】

本条主要内容：本条对指使或强令他人违反消防安全规定冒险作业、过失引发火灾、阻拦报警、破坏伪造火灾现场等行为的法律后果进行规定。

问题1：什么是指使或者强令他人违反消防安全规定，冒险作业的行为？

答：主要是指单位负责施工、生产、作业的管理人员或者指挥生产、作业的人员，出于牟利、赶进度等目的或者对消防安全的漠视和侥幸心理，明知自己的行为违反了消防安全规定，却仍然指使

或者强迫明令他人违反消防安全规定作业，致使作业场所的消防安全处于危险之中的行为，如指使工人在易燃易爆危险品仓库使用明火作业，指使或者强令没有证书的人员进行电焊作业等。这类行为往往是重大火灾事故的原因，应当予以严厉处罚。

2012 年 4 月 11 日，承接浙江新洋工贸有限公司施工工程的高某，在明知赵某没有电焊作业上岗证的情况下，还安排其使用气割进行动火作业，且未清理施工现场可燃物，有指使他人冒险作业的行为，被当地消防部门处以行政拘留十日的处罚。

指使或者强令他人违反消防安全规定，冒险作业的行为，严重到一定程度，可能构成《刑法》第一百三十四条第二款规定的“强令违章冒险作业罪”。

问题 2：什么是“过失引起火灾”？

答：过失引起火灾，是指行为人应当预见自己的行为可能引起火灾，但因为疏忽大意而没有预见，或者已经预见而轻信能够避免，以致发生火灾的行为。这种过失引起火灾的行为，因为当事人主观上存在过错，客观上造成了火灾后果，所以应当予以处罚。

对于有些情况引起的火灾，如居民自家因用火用电不慎引起火灾，造成了自家部分财产损失，但没有引起火灾蔓延，也没有给公共消防安全造成危险的，可以不按本条规定的“过失引起火灾”处罚。过失引起火灾的行为，严重到一定程度可能构成《刑法》第一百一十五条第二款规定的“失火罪”等。

【小案例】

山东莱州塑料加工公司原料仓库火灾

2008 年 12 月，山东省莱州市一塑料加工公司原料仓库发生火灾，火灾过火面积达到 864 平方米，虽经当地消防部门全力扑救，但还是造成了该公司一辆叉车、部分塑料原料、成品受损。

经消防部门现场勘察，认定该起火灾是由于公司员工孙某将叉车违规停放在原料仓库内，叉车发生火灾所致。

由于该公司没有对员工进行消防安全教育，未做好火灾预防工作，涉嫌过失引起火灾，被当地消防部门处以两万元罚款，该公司直接负责的主管人员和叉车司机孙某也被依法进行了处罚。

问题 3：如何理解“负有报告职责的人员不及时报警”？

答：对火灾负有特定报告职责的人员，是指发生火灾场所的值班人员、发生火灾单位的负责人等。这些人员的职责要求他们在知悉火灾发生后及时报警，如果不报警或者不及时报警，都属于违法行为，需要承担相应的法律责任。

应当注意的是，所谓及时报警，要根据具体情况确定，比如，对于持有手机等现代通信工具的人员，可能在几分钟甚至更短的时间内完成报警，但没有现代通信工具的，可能就要几十分钟甚至更长时间，因此，不宜限定具体时间。

【小案例】

成都五块石电子电器市场火灾

2012年12月6日凌晨，成都五块石电子电器市场发生火灾，过火面积上千平方米，当地消防部门调集主城区17个消防中队奔赴现场，2小时后明火最终被扑灭，但由于报警时间延迟，仍然造成巨大损失。该市场消防控制室的值班人员雷某虽也积极参与救火，但作为负有报告职责的人员，却没有在第一时间报警，直接延误了救援，被处以拘留十二天的行政处罚。

问题4：扰乱火灾现场秩序，或者拒不执行火灾现场指挥员指挥，影响灭火救援应负什么法律责任？

答：扰乱火灾现场秩序，是指使用暴力、威胁或其他方法，破坏火灾现场的秩序，扰乱消防组织和群众迅速、及时组织力量扑灭火灾或者疏散，或者不听劝阻、执意进入火场拿取自家财物等行为。

拒不执行火灾现场指挥员指挥，是指对于火灾现场指挥员根据《消防法》第四十五条决定的事项，有关人员抗拒执行火灾现场指挥员的指挥，影响消防人员迅速、及时扑灭火灾的行为，如拒绝向消防队提供水源，拒绝拆除毗邻火场的建筑物等。

这两种违法行为，都会对灭火救援工作造成妨碍，导致火灾损失的扩大，应当予以处罚。

本条规定，上述行为可以视情节处十日以上十五日以下拘留，并处五百元以下罚款，或处警告或者五百元以下罚款。对于有轻微的干扰行为，经教育或者制止即可排除的，或者因为惊慌失措等扰乱了火灾现场秩序的人，原则上不按本条的规定处罚。

问题 5：怎样理解“故意破坏或者伪造火灾现场的”？

答：破坏，是指采取破坏手段使人看不出火灾现场的真实情况，如移动现场物品，破坏现场痕迹等。伪造，是指将火灾现场伪装成另一种情况给人以假象，甚至制造本不存在的假火灾现场等。

根据《消防法》第五十一条规定，公安机关消防机构有权根据需要封闭火灾现场，统计火灾损失，查明火灾事故责任。因此，火灾扑灭后，发生火灾的单位和相关人员应当按照公安机关消防机构的要求保护现场，故意破坏或者伪造火灾现场属于违法行为。

需要注意的是，行为人破坏、伪装火灾现场，往往是出于隐瞒、掩饰起火原因、推卸责任等目的，但是否构成本项规定的违法行为，并不以是否具有隐瞒、掩饰起火原因、推卸责任的目的为要件。

【小案例】

浙江温州工艺品公司火灾

2011 年 1 月 17 日，浙江省温州瑞安市马屿镇皇钰工艺品有限公司发生火灾，经消防部门扑救，大火最终被扑灭。

事后，消防人员立即对火灾现场进行封闭，并要求该公司负责人和员工保护火灾现场，防止人员进去现场、移动火场证物，给火灾原因调查带来困难。当日下午，公安消防调查人员赶到事故现场时，发现火灾现场已被清理干净，火场的原始状态遭到严重破坏，火灾的起火蔓延痕迹、烧毁的物品残骸和证物全部流失，已没有任何可以利用的调查线索，致使火灾原因无法认定。

经调查得知，该公司业务经理童某因急于恢复生产，故意组织公司员工对火灾现场进行清理、移动火灾现场物品。消防部门对童某处以十日行政拘留处罚。

问题 6：擅自拆封或者使用被公安机关消防机构查封的场所、部位应否负法律责任？

答：拆封，是指拆去公安机关消防机构设置的封条等查封标记。使用，是将公安机关消防机构禁止使用的场所、部位重新投入使用。

公安机关消防机构对危险部位或者场所采取临时查封措施，对于及时消除火灾隐患，保证人民群众的人身安全、公共财产和人民群众的财产安全，具有重要意义。如果有关人员将被公安机关消防机构查封的场所、部位擅自拆封或者使用，那么，查封之前就存在的、严重威胁公共安全的火灾隐患就会重新出现，临时查封措施就会失去其意义，属违法行为，须承担相应法律责任。

【小案例】

青海一宾馆擅自拆封临时查封措施

2011 年 12 月 8 日，青海都兰县消防监督执法人员在对宗加镇诺木洪宾馆进行检查时，发现该宾馆存在火灾隐患，遂采取临时查封措施，要求其限期整改。

次日，消防部门再次对该宾馆进行复查时，发现该宾馆已擅自拆封。后经调查取证，对该宾馆负责人郑某处以行政拘留十五日的处罚。

第八节　关于不合格消防产品的法律规定

【相关法条】

第六十五条　违反本法规定，生产、销售不合格的消防产品或者国家明令淘汰的消防产品的，由产品质量监督部门或者工商行政管理部门依照《中华人民共和国产品质量法》的规定从重处罚。

人员密集场所使用不合格的消防产品或者国家明令淘汰的消防产品的，责令限期改正；逾期不改正的，处五千元以上五万元以下罚款，并对其直接负责的主管人员和其他直接责任人员处五百元以上二千元以下罚款；情节严重的，责令停产停业。

公安机关消防机构对于本条第二款规定的情形，除依法对使用者予以处罚外，应当将发现不合格的消防产品和国家明令淘汰的消防产品的情况通报产品质量监督部门、工商行政管理部门。产品质量监督部门、工商行政管理部门应当对生产者、销售者依法及时查处。

【法条详解】

本条主要内容：本条规定生产、销售、使用不合格的或国家明令淘汰的消防产品的行为所承担的法律后果。

问题1：什么是“不合格的消防产品”和“国家明令淘汰的消防产品”？

答：不合格的消防产品，是指不符合国家标准或者行业标准对于消防产品的质量要求的消防产品。国家明令淘汰的消防产品，是指有关主管部门通过颁发决定、命令或者印发通知等形式，公开宣布淘汰，不得再生产、销售、使用的某项或者某个型号的消防产品，例如原国家环保总局、公安部曾规定，逐步淘汰对臭氧层产生破坏作用的哈龙灭火器。

生产、销售不合格或者国家明令淘汰的消防产品的行为，破坏消防产品市场秩序，危及消防安全，应当予以处罚。

问题 2：为什么不能在人员密集场所使用不合格或国家明令淘汰的消防产品？

答：人员密集场所一旦发生火灾，往往造成重大的人身伤亡和财产损失，这些场所使用的消防产品质量是否合格，在发生火灾关键时刻能否正常发挥作用，对于能否挽救人民群众的生命财产，降低火灾损失有着十分重要的意义。

但从近些年来的执法实践来看，一些人员密集场所的经营者、管理者，出于侥幸、不负责任、麻痹大意甚至贪图便宜的目的，购置、使用不合格的消防产品，一旦发生火灾，这些消防产品不能正常发挥作用，后果不堪设想。

问题 3：为什么要设置“限期改正”措施？

答：因为考虑到在有些情况下，由于人员密集场所的管理人员或者工作人员本身缺乏辨别消防产品是否合格的必要知识，或者由于轻信、大意等原因，在不知情的情况下使用了不合格的或者国家明令淘汰的消防产品。该人员密集场所，在制造了火灾隐患的同时，也是伪劣消防产品的受害者。如果直接就对其进行处罚，不够合理，也有失公平。因此，法律给其一次改正的机会。如果经公安机关消防机构指出后，人员密集场所在规定的限期内对不合格或者国家明令淘汰的消防产品予以更换，从而符合消防安全要求的，就不再对其进行处罚。

这里所规定的应当责令停产停业的“情节严重”的情形，主要是指大量使用不合格消防产品，使用不合格消防产品造成重大火灾隐患，以及虚假改正等情况。

第九节　未履行消防安全责任的机关、团体、企事业单位的处罚

【相关法条】

第六十七条　机关、团体、企业、事业等单位违反本法第十六条、第十七条、第十八条、第二十一条第二款规定的，责令限期改正；逾期不改正的，对其直接负责的主管人员和其他直接责任人员依法给予处分或者给予警告处罚。

【法条详解】

本条主要内容：本条对于机关、团体、企业、事业等单位违反本法规定未履行消防安全职责的法律责任进行了规定。

问题1：为什么本条对违反《消防法》第十六条、第十七条、第十八条、第二十一条第二款的法律责任做明确规定？

答：《消防法》第二条规定了“政府统一领导、部门依法监督、单位全面负责、公民积极参与”的消防工作原则。其中“单位全面负责”，就是指各单位要全面落实消防安全责任制，建立并落实消防安全自我管理、自我检查、自我整改机制，做好各项消防工作，确保本单位消防安全。

为此，《消防法》第十六条规定了机关、团体、企业、事业等单位的消防安全职责，第十七条规定了消防安全重点单位的消防安全职责，第十八条对共用建筑物的单位之间消防安全责任的划分以及住宅区的物业服务企业的消防安全职责作了规定，第二十一条第二款对进行电焊、气焊及自动消防系统的操作人员应当持证上岗并遵守消防安全操作规程作了特别规定等。

机关、团体、企业、事业等单位是否能够认真履行上述消防安全职责，事关所在单位的火灾预防和人民生命、财产的安全。因此，本条中对机关、团体、企业、事业等单位违反消防安全职责等的法律责任作了明确规定。

第十节 人员密集场所工作人员的法律责任

【相关法条】

第六十八条 人员密集场所发生火灾，该场所的现场工作人员不履行组织、引导在场人员疏散的义务，情节严重，尚不构成犯罪的，处五日以上十日以下拘留。

【法条详解】

本条主要内容：本条对于人员密集场所发生火灾时现场工作人员不履行职责应承担的法律责任给予了规定。

问题1：人员密集场所的现场工作人员包括哪些人？

答：人员密集场所的现场工作人员，是指人员密集场所发生火灾时该场所的所有在场的工作人员，包括在场的负责人、管理人员、票务人员、保安人员、服务人员等。上述人员在发生火灾时，都有组织、引导在场群众疏散的义务，不应当在火灾发生时临阵脱逃，自行逃生。

问题2："不履行组织、引导在场人员疏散的义务"有哪些表现？

答：不履行组织、引导在场人员疏散的义务，是指人员密集场所的现场工作人员在火灾发生时，没有依照《消防法》第四十四条第二款的规定，"组织、引导在场人员疏散"。

在实践中，不履行组织、引导义务的行为可能表现为：一、行为人明知如果自己不带领，引导群众撤离火灾现场，可能使一些不熟悉地形的群众不能迅速离开现场，从而造成伤亡事故，但其为了自己的生命安全免受伤害，置群众的生命安全而不顾，自行逃生的；二、面对发生火灾的危险处境，惊慌失措，自动放弃履行自己应尽的职责，致使在场群众坐以待毙等。

在实际发生的火灾中，有时现场工作人员虽然积极履行了组织、引导在场人员疏散的职责，但仍旧无法避免人身伤亡的后果发生，在这种情况下，不能对其依照本条的规定处罚。

问题3：人员密集场所发生火灾，该场所的现场工作人员负有什么职责？

答：根据《消防法》第六十八条规定：“人员密集场所发生火灾，该场所的现场工作人员不履行组织、引导在场人员疏散的义务，情节严重，尚不构成犯罪的，处五日以上十日以下拘留。”

由于人员密集场所发生火灾极易造成大量人员伤亡，此时紧急疏散人群脱离火灾危险是十分迫切和至关重要的任务。一般而言，人员密集场所的工作人员熟悉本单位的地势地形、消防设备、设施、疏散通道等，火灾发生时，人员密集场所的现场工作人员能够对疏散人群起到关键性的作用。由此可见，人员密集场所的工作人员在火灾发生时负有特定义务，应当为确保群众生命安全履行自己的职责。

第十一节　行政处罚的相关规定

【相关法条】

第七十条　本法规定的行政处罚，除本法另有规定的外，由公安机关消防机构决定；其中拘留处罚由县级以上公安机关依照《中华人民共和国治安管理处罚法》的有关规定决定。

公安机关消防机构需要传唤消防安全违法行为人的，依照《中华人民共和国治安管理处罚法》的有关规定执行。

被责令停止施工、停止使用、停产停业的，应当在整改后向公安机关消防机构报告，经公安机关消防机构检查合格，方可恢复施工、使用、生产、经营。

当事人逾期不执行停产停业、停止使用、停止施工决定的，由作出决定的公安机关消防机构强制执行。

责令停产停业，对经济和社会生活影响较大的，由公安机关消防机构提出意见，并由公安机关报请本级人民政府依法决定。本级人民政府组织公安机关等部门实施。

违反本法规定，构成犯罪的，依法追究刑事责任。

【法条详解】

本条主要内容：本条规定了对违反《消防法》的行为进行行政处罚的主体；传唤消防安全违法行为人所应当遵循的规定；被责令停止施工、停止使用、停产停业的企业如何恢复生产经营，逾期不执行停产停业决定的如何强制执行；对经济和社会生活影响较大的责令停产停业的企业进行处罚的程序性规定。

问题 1：《消防法》所规定的处罚，其处罚决定主体是哪个部门？

答：依据本法条第一款的规定：“本法规定的行政处罚，除本法另有规定的外，由公安机关消防机构决定；其中拘留处罚由县级以上公安机关依照《中华人民共和国治安管理处罚法》的有关规定决定。”即本法所规定的除涉及消防产品方面的处罚由质量监督部门或者工商行政管理部门处罚外，其他均由公安机关消防机构决定。

这里的处罚具体包括《行政处罚法》所规定的处罚种类：警告、罚款、责令停产停业等，但行政拘留处罚是涉及人身自由的处罚种类，因此应当由县级以上公安机关依照《治安管理处罚法》的有关规定决定。

【小资料】

《中华人民共和国行政处罚法》

第八条　行政处罚的种类：（一）警告；（二）罚款；（三）没

收违法所得、没收非法财物；（四）责令停产停业；（五）暂扣或者吊销许可证、暂扣或者吊销执照；（六）行政拘留；（七）法律、行政法规规定的其他行政处罚。

第九条　法律可以设定各种行政处罚。

限制人身自由的行政处罚，只能由法律设定。

第十五条　行政处罚由具有行政处罚权的行政机关在法定职权范围内实施。

问题 2：公安机关消防机构如何传唤消防安全违法行为人？

答：本条中的“传唤”，是指公安机关的办案人员要求消防安全违法行为人在指定时间、地点接受询问的一项法律措施。

《中华人民共和国治安管理处罚法》的有关规定，即第八十二条第一款：“需要传唤违反治安管理行为人接受调查的，经公安机关办案部门负责人批准，使用传唤证传唤。对现场发现的违反治安管理行为人，人民警察经出示工作证件，可以口头传唤，但应当在询问笔录中注明。”和第二款：“公安机关应当将传唤的原因和依据告知被传唤人。对无正当理由不接受传唤或者逃避传唤的人，可以强制传唤。”

1. 对于《治安管理处罚法》第八十二条第一款的规定

（1）“办案部门”在《消防法》的适用上指“公安机关消防机构”，“传唤证”由公安机关统一制发、填写，其内容应当载明受传唤人的姓名、性别、年龄、住址、传唤的时间、地点和传唤事由。对于传唤方式，法律规定应当使用“传唤证”，即主要以书面的形式来传唤消防安全违法行为人。

（2）对于在现场发现的消防安全违法行为人，可以立即对其进行口头传唤。口头传唤的适用条件为：在主体上，传唤人员需要出示自己的工作证件，如果工作人员不出示证件，当事人有权拒绝和不接受传唤；在客体上，消防安全违法行为必须是现场发现的、正在实施或者刚刚实施的，才可以使用口头传唤；在程序上，口头传唤还必须在询问笔录中注明传唤方式。

2. 对于《治安管理处罚法》第八十二条第二款的规定

在消防执法过程中，应当保障当事人的合法权益，传唤时应当履行相应的告知义务。无论是书面传唤还是口头传唤，都要求公安机关消防机构及其工作人员必须如实告知当事人其被传唤的原因和依据。

对于没有正当理由却拒不接受传唤的消防安全违法行为人，可以进行强制传唤。在这里需要对当事人不接受传唤的具体情况区分对待：如果当事人主观上拒绝或逃避传话，行为上表现为无理取闹、拒不前往，或者故意拖延，则可以对其强制传唤；如果当事人却因特殊情况不能前往，如重病卧床、工作限制、家中事故等，则不应适用强制传唤。

问题 3：被公安机关消防机构责令停止施工、停止使用、停产停业的企业和单位，如何恢复施工、使用、生产、经营？

答：为了消除火灾隐患，保护人身财产安全，公安机关消防机构会对不符合消防安全的企业和单位处以责令停止施工、停止使用、停产停业的处罚。这种情形比如：建筑工程在投入使用后经公安机关消防机构依法抽查不合格的应当停止使用；生产加工作坊因消防隐患严重被公安机关消防机构责令停产停业；建筑工程因消防设计不合格被公安机关消防机构责令停止施工等。

对于这类被责令停止施工、停止使用、停产停业的企业和单位，应当立即执行公安机关消防机构的处罚规定，并尽快针对其自身的火灾隐患和消防安全问题进行整改。整改后，应当向公安机关消防机构报告，经公安机关消防机构检查合格后，才可以恢复施工、使用、生产、经营。如果逾期不执行停产停业、停止使用、停止施工的决定，就会由做出决定的公安机关消防机构强制执行。

对于那些责令停产停业后会对社会经济发展和人民群众生产生活有较大不利影响的，如生产人民群众生活必需品的、生产重要产品关键元部件一经停产会对经济链有重大影响的等，对这类企业单位应当由公安机关消防机构提出意见，报请本级人民政府决定。责令停产停业也由本级人民政府组织实施。

【小案例】

海宁国际皮毛城内 15 家企业被“停产停业”处罚

浙江省海宁市的国际皮毛城位于海宁市“金三角”区域的洛隆路北侧，1996 年 9 月建成投入营业。随着市场的发展和时间的推移，该市场将大部分摊位进行了分隔改造作为生产用房出租。改造后，原有的设计布局被打破，“三合一”企业在该市场内大量涌现，造成了该市场消防设施缺乏、消防通道不畅、建筑物承重不均等情况，这些都属于严重的消防安全隐患。

从 2007 年 3 月起，该市场被嘉兴市政府挂牌督办，限期 2007 年 11 月底整改完毕。但从整治的情况看，仍有少数企业滞留在市场内，生产生活合并，“三合一”隐患仍然十分严重。为彻底消除海宁国际皮毛城内“三合一”现象等重大火灾隐患，海宁市政府专门抽调相关职能部门组成“金三角”火灾隐患政治工作领导小组，由该市副市长亲自挂帅督办，根据《消防法》第七十条的相关规定，对国际皮毛城内 15 家企业实行“停产停业”处罚。

第十二节　与刑法的衔接

【相关法条】

第七十二条　违反本法规定，构成犯罪的，依法追究刑事责任。

【法条详解】

本条主要内容：本条是对于违反《消防法》规定、构成犯罪、应当追究刑事责任的衔接性规定。

问题：《刑法》中，违反《消防法》的犯罪有哪些？

答：《刑法》中违反《消防法》的犯罪主要包括以下几项：

1. 危害公共安全罪

《刑法》第一百三十九条规定："违反消防管理法规，经消防监督机构通知采取改正措施而拒绝执行，造成严重后果的，对直接责任人员，处三年以下有期徒刑或者拘役；后果特别严重的，处三年以上七年以下有期徒刑。""在安全事故发生后，负有报告职责的人员不报或者谎报事故情况，贻误事故抢救，情节严重的，处三年以下有期徒刑或者拘役；情节特别严重的，处三年以上七年以下有期徒刑。"

2. 生产、销售伪劣商品罪

《刑法》第一百四十六条规定："生产不符合保障人身、财产安全的国家标准、行业标准的电器、压力容器、易燃易爆产品或者其他不符合保障人身、财产安全的国家标准、行业标准的产品，或者销售明知是以上不符合保障人身、财产安全的国家标准、行业标准的产品，造成严重后果的，处五年以下有期徒刑，并处销售金额百分之五十以上二倍以下罚金；后果特别严重的，处五年以上有期徒刑，并处销售金额百分之五十以上二倍以下罚金。"

3. 渎职罪

《刑法》第三百九十七条规定："国家机关工作人员滥用职权或者玩忽职守，致使公共财产、国家和人民利益遭受重大损失的，处三年以下有期徒刑或者拘役；情节特别严重的，处三年以上七年以下有期徒刑。本法另有规定的，依照规定。""国家机关工作人员徇私舞弊，犯前款罪的，处五年以下有期徒刑或者拘役；情节特别严重的，处五年以上十年以下有期徒刑。本法另有规定的，依照规定。"例如，对于《消防法》第七十一条规定的"在消防工作中滥用职权、玩忽职守、徇私舞弊"构成犯罪的，依据《刑法》第三百九十七条给予刑事处罚。

参考文献

[1] 全国人大常委会法制工作委员会刑法室、公安部消防局编著：中华人民共和国消防法释义，北京：人民出版社，2009 年。

[2] 中国法制出版社编：中华人民共和国消防法案例应用版，北京：中国法制出版社，2009 年。

[3] 胡康生主编：中华人民共和国消防法释义，北京：法律出版社，1998 年。

[4] 胡锦光主编：以案说法——行政法篇，北京：中国人民大学出版社，2006 年。

[5] 黄太云主编：中华人民共和国消防法解读，北京：中国法制出版社，2008 年。